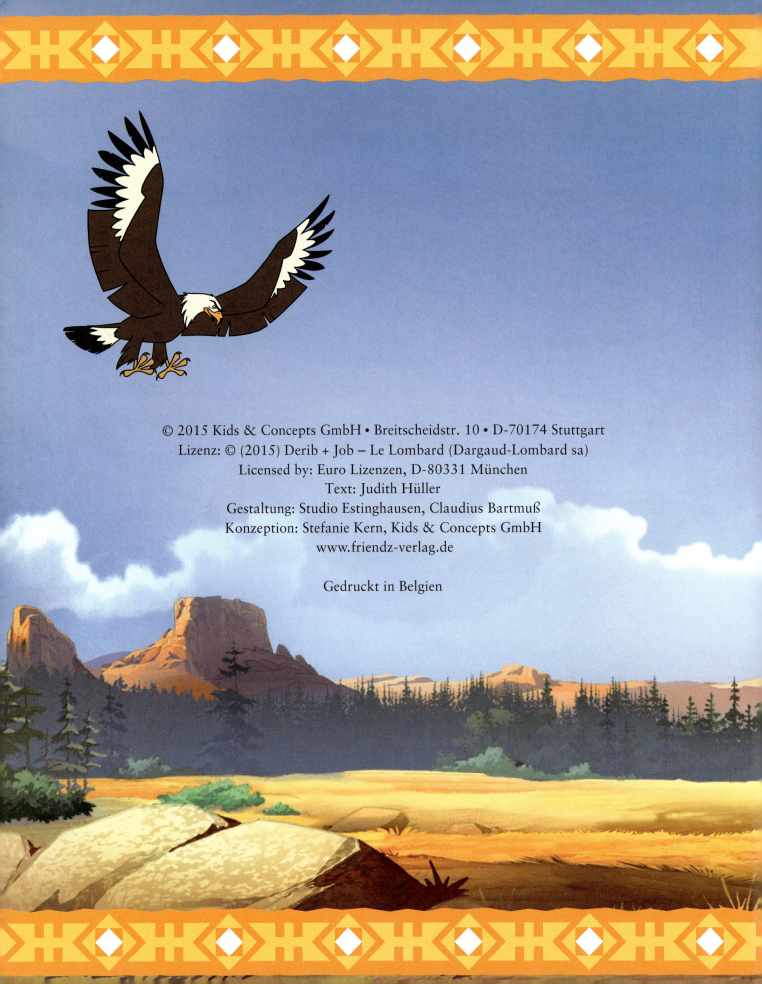

© 2015 Kids & Concepts GmbH • Breitscheidstr. 10 • D-70174 Stuttgart
Lizenz: © (2015) Derib + Job – Le Lombard (Dargaud-Lombard sa)
Licensed by: Euro Lizenzen, D-80331 München
Text: Judith Hüller
Gestaltung: Studio Estinghausen, Claudius Bartmuß
Konzeption: Stefanie Kern, Kids & Concepts GmbH
www.friendz-verlag.de

Gedruckt in Belgien

INHALT

Frühling	Seite 8
Yakari und Großer Bogen	Seite 10
Die verschwundenen Fische	Seite 16
Der Gesang des Raben	Seite 22
Die Rache des Carcajou	Seite 28
Das verlorene Vogelnest	Seite 34
Der Traumfänger	Seite 40
Die gestohlene Bisonhaut	Seite 46
Yakari und die Riesenechse	Seite 52

Sommer	Seite 58
Der kleine Ausreißer	Seite 60
Honigfalle für Honigtau	Seite 66
Der Lärm des Donnervogels	Seite 72
Das ungleiche Duell	Seite 78
Die Bärenkralle	Seite 84
Die sieben Feuer	Seite 90
Der Bison ohne Herde	Seite 96
Der Geist des Leitwolfs	Seite 102

Herbst	**Seite 108**
Ein Bär sieht rot	Seite 110
Der Vogel mit den hundert Stimmen	Seite 116
Knickohr und der kleine Wolf	Seite 122
Die schwarzen Steine	Seite 128
Schneeball in Gefahr	Seite 134
Zu viel versprochen	Seite 140
Die letzte Reise von Mondgeist	Seite 146

Winter	**Seite 152**
Die Schlittenwölfe	Seite 154
Der Winter naht	Seite 160
Yakari und der Sasquatch	Seite 166
Im Land der Wölfe	Seite 172
Yakari und Grausames Auge	Seite 178
Der schlaflose Bär	Seite 184

FRÜHLING

Endlich wird die Natur wieder grün. Überall sprießen Blumen und herrlicher Blütenduft liegt in der Luft. Yakari kann es kaum erwarten, mit Kleiner Donner durch die Prärie zu reiten und die Gegend zu erkunden. Bestimmt trifft er dabei viele seiner Freunde wieder, die nun aus ihrem Winterschlaf erwachen.

Im Indianerdorf kümmern sich die Siouxfrauen unterdessen um den Frühjahrsputz. Sie holen die dicken Tierfelle aus den Tipis, schütteln sie aus und räumen sie beiseite. Die kalten Monate sind überstanden. Deshalb ist die Stimmung im Stamm auch sehr gelöst. Jetzt finden die Jäger wieder Beute und Mutter Erde schenkt den Indianern neue Nahrung.

TANZ IN DEN FRÜHLING

In jedem Indianerstamm gibt es uralte Rituale und Tänze. Jetzt bist du gefragt: Wie könnte ein Frühlingstanz der Sioux aussehen? Lass deiner Fantasie freien Lauf und bewege dich, wie es dir gefällt! Du kannst dich wie ein Blatt im Wind wiegen, dich groß machen wie ein Bär oder hüpfen wie ein Kaninchen. Noch mehr Spaß macht es, wenn du dir den Tanz gemeinsam mit deinen Freunden ausdenkst. Zusammen kommen euch bestimmt die besten Einfälle.

TROMMELKONZERT

Freudig begrüßt Yakari den Frühling mit Trommelklängen. Ein solches Instrument kannst du dir auch basteln. Male eine leere Konservendose mit Acrylfarben bunt an oder verziere sie mit einem indianischen Zickzack-Muster. Nimm einen Luftballon und dehne ihn aus, indem du Luft hineinbläst und sie wieder herauslässt. Schneide den Ballon an der breitesten Stelle auseinander und spanne das Ballonstück ohne Öffnung über die Dose. Befestige es mit einem Gummiring. Nun ist deine kleine Trommel fertig.

DEIN EIGENES TOTEMTIER

Yakari ist sehr froh, dass Großer Adler ihm immer zur Seite steht. Von seinem Totem hat der junge Sioux auch die Gabe erhalten, mit Tieren zu sprechen. Bestimmt wünschst auch du dir einen Beschützer. Welcher Gefährte soll dich durch dieses Jahr begleiten? Vielleicht ein starker Bär, ein Pelikan oder ein schlauer Wapiti? Nimm Papier und Buntstifte und male dein Totem! Gib ihm auch einen richtig tollen Namen! Deine Zeichnung kannst du anschließend über deinem Bett aufhängen. So ist dein Begleiter selbst im Schlaf in deiner Nähe.

Yakari und Grosser Bogen

„Autsch!", ruft Yakari. Da hat ihm doch wirklich eine vorwitzige Wurzel ein Bein gestellt. Nun liegt er lang ausgestreckt auf dem Waldboden. Doch als er wieder auf die Beine springt, sieht er, dass die Wurzel gar keine Wurzel ist. Er ist über einen riesigen Bogen gestolpert. Yakari hebt ihn auf. „Und schwer ist der", murmelt er. Dem Bogen fehlt zwar die Sehne, aber Yakari nimmt ihn trotzdem mit in sein Dorf. Vielleicht kennt einer der Sioux seines Stammes ja den Jäger, dem der Bogen gehört.

Wie jeder Indianerjunge weiß Yakari eine Menge über Bögen.

Denn die Sioux lehren ihre Kinder, dass ein Bogen zu dem Jäger passen muss, der ihn trägt. Manche Jäger schnitzen ihren Bogen aus sehr hartem Holz, das macht ihn ganz starr. Andere Indianer mögen lieber weicheres Holz, das ihren Bogen etwas biegsamer macht. Die Sioux probieren aus, mit welcher Bogengröße sie am besten schießen können. Die Sehne eines Bogens stellen sie aus Büffelsehnen her. Danach spannen sie sie auf den Bogen. Die Sehne ist es, die dem Pfeil die Schnelligkeit verleiht.

Auf dem Heimweg grübelt Yakari immerzu, wem wohl dieser Riesenbogen gehört. Als er im Indianerdorf ankommt, fragt er das auch seine Stammesbrüder.

„So einen Bogen habe ich noch nie gesehen", sagt Stiller Fels, der Stammesälteste. Yakaris Vater Kühner Blick schafft es nur mit aller Kraft, eine neue Sehne auf den Bogen zu spannen.

„Hast du schon einen Schuss gewagt?", fragt Stiller Fels.

„Nein", antwortet Kühner Blick. Er legt einen Pfeil an und stöhnt auf. „Unmöglich!" Er schüttelt den Kopf. „Das Holz ist zu hart. Meine Kraft reicht nicht aus, um den Bogen zu spannen." Die Dorfbewohner stehen neugierig um ihn herum und wundern sich. Immerhin ist Kühner Blick einer der kräftigsten Männer des Dorfes.

„Welcher Jäger wäre wohl stark genug, diesen Bogen zu benutzen?", fragt Der-der-alles-weiß. Plötzlich schweigen alle vor Schreck. Wer kommt denn da?

„Wer ist das?!", ruft Yakari. Ein Indianer, groß wie ein Tipi, geht mit schnellen Schritten auf Kühner Blick zu und, ohne ein Wort zu sagen, nimmt er ihm den großen Bogen aus der Hand. Dann zieht er einen Pfeil aus seinem Köcher, dem Pfeilkorb, den er auf dem Rücken trägt. Er legt den Pfeil an, spannt den Bogen und – sssssssssssipp – der Pfeil flitzt auf einen Baumstamm zu und durchbohrt ihn. Die Indianer staunen.

„Nun wissen wir, dass dieser Bogen nur ihm gehören kann", sagt Kühner Blick.

„Böse sieht er nicht aus", stellt Yakari fest.

Stiller Fels stellt sich neben den Indianer. „Nun großer Jäger", beginnt er. „Wie heißt du also?"

Wieder sagt der fremde Indianer kein Wort, sondern hebt nur seinen großen Bogen.

Die Dorfbewohner beginnen, sich vor dem Riesen zu fürchten.
Da stellt sich Yakari vor ihn und sagt: „Habt doch keine Angst! Vielleicht kann er nicht sprechen und versucht, uns so etwas zu sagen?"
„Du bringst mich auf eine Idee, Yakari", sagt Kühner Blick, zieht einen Pfeil aus seinem Köcher und schießt ihn direkt über den Pfeil des Fremden. Der wirft seine Arme vor Begeisterung in die Luft und lacht. „Wie heißt du?", fragt nun Kühner Blick. Wieder zeigt der Riese auf seinen Bogen.
„Vielleicht heißt er Großer Bogen", fällt Yakari ein. Damit scheint er recht zu haben, denn der Riese hebt den Indianerjungen hoch und wirbelt ihn fröhlich in der Luft herum.

„Willkommen, Großer Bogen!", mischt sich Der-der-alles-weiß ein. „Da du als Freund gekommen bist, darfst du so lange bei uns bleiben, wie du möchtest."
Alle fragen sich, ob der riesige Indianer vielleicht die Zeichensprache der Sioux versteht. Doch leider kennt er sie nicht, weil er aus den Bergen kommt. Also möchte Yakari ihm die Zeichensprache beibringen.

Am nächsten Morgen stellt er Großer Bogen zuerst seinem Pony vor. Neben Großer Bogen wirkt Kleiner Donner überhaupt nicht mehr wie ein Pferd, sondern eher wie ein Hund. Kleiner Donner ist das sehr peinlich. „Ich bin gar nicht so klein. Er ist nur sehr groß geraten", wiehert er.
Die drei machen sich trotzdem einen schönen Tag. Sie pflücken Äpfel und gehen baden. Dann läuft Großer Bogen mit Kleiner Donner um die Wette. Und wer weiß, wenn Großer Bogen nicht gestolpert wäre, hätte er Kleiner Donner vielleicht sogar eingeholt!
Als sie im Wald ankommen, beginnt Yakari endlich mit dem Zeichensprachen-Unterricht.
Bär sagt man, indem man die halb geöffneten Hände hinter die Ohren legt: Das hat Großer Bogen sofort begriffen.
„Das ist ein Elch", lehrt Yakari seinen Freund und zeigt auf das Tier mit dem Schaufelgeweih. Der Elch steht nämlich gerade ganz in der Nähe der beiden.
Aber – oh nein! – Yakari bemerkt Gespannter Bogen nicht, der auf das grasende Tier schießen möchte. Dafür sieht ihn Großer Bogen und jagt schnell einen Pfeil in den

Baumstamm neben Gespannter Bogen. Erschrocken flieht der Jäger in den Wald und auch der Elch läuft davon. Allerdings in die andere Richtung.

Yakari schimpft: „Warum hast du auf den Elch geschossen? Ich stelle dir meine Freunde vor – und du schießt auf sie!"

Großer Bogen zeigt in die Richtung, in die Gespannter Bogen weggelaufen ist, aber Yakari versteht nicht, was er ihm sagen möchte.

„Ich bin enttäuscht von dir, Großer Bogen!", ruft Yakari wütend. „Jetzt bring ich dir gar nichts mehr bei!" Dann läuft er nach Hause.

Großer Bogen fühlt sich ungerecht behandelt. Aber was soll er tun? Er kann nun mal nicht sprechen. Traurig und wütend über seinen Bogen, der ihm das alles eingebrockt hat, zerbricht er ihn. Danach sucht er nach Gespannter Bogen. Als er ihn findet, hält der ihn für den Großen Geist, der mit dem langen Pfeil auf ihn geschossen hat. Deshalb sitzt er jammernd auf dem Waldboden und fleht den Großen Geist an, nicht mehr auf ihn zu schießen. Großer Bogen sieht hinab auf das Häufchen Elend.

Dann setzt er sich ein Stückchen entfernt nachdenklich auf einen Stein. Gespannter Bogen glaubt nun nicht mehr, dass der sanfte Riese der Große Geist ist. Er schleicht sich von hinten an den riesigen Indianer heran und schlägt ihm seinen Bogen so fest auf den Kopf, dass der zerbricht. Das lässt sich Großer Bogen natürlich nicht gefallen. Er schnappt sich den Jäger, der sofort zu zittern anfängt. Er hat sich eine ganz besondere Strafe für Gespannter Bogen ausgedacht.

Inzwischen ist Yakari im Dorf angekommen und erzählt alles seinem Vater. Kühner Blick kann nicht glauben, dass Großer Bogen auf den Elch geschossen hat. Gemeinsam machen sie sich auf die Suche nach dem stummen Indianer und schon bald finden sie den entzweiten Bogen.
„Warum hat Großer Bogen den zerbrochen?", fragt Yakari.

„Er möchte dir damit vielleicht etwas sagen", überlegt Kühner Blick. Und dann entdecken die beiden auch die Spuren von dem zweiten Jäger. Auf einmal ist ihnen klar, dass Großer Bogen den Elch nicht erschießen, sondern vor einem zweiten Jäger retten wollte. Plötzlich hören sie jemanden schreien und laufen in die Richtung, aus der die Rufe kommen. Da hängt Gespannter Bogen an den Trägern seines Köchers zappelnd vom Ast eines Baumes. Als er Kühner Blick sieht, kreischt er: „Vorsicht! Dieser Riese ist der Große Geist und er ist verrückt!"

„Nein", antwortet Kühner Blick, „das ist Großer Bogen und ein Freund von Yakari." Yakari entschuldigt sich bei seinem neuen Freund und reitet auf Großer Bogens Schultern zu dem kreischenden Jäger, dem er seinen zerbrochenen Bogen zurückgibt.

Als Gespannter Bogen wieder auf dem Boden steht, rät ihm Kühner Blick: „Ich denke, das ist eine Geste der Entschuldigung. Sie anzunehmen, wäre äußerst klug."

„Kommt gar nicht infrage", zetert Gespannter Bogen. „Der ist verrückt und ihr genauso!" Dann zieht er beleidigt ab. Auf dem Heimweg erklärt Kühner Blick: „Siehst du, mein Sohn, Worte und Zeichen können uns ebenso helfen wie auch verwirren. Doch die einzige Sprache, die die Wahrheit sagt, ist die Sprache des Herzens."

Yakari nickt zustimmend: „Und jeder kann sie verstehen!"

DIE VERSCHWUNDENEN FISCHE

Am Morgen verlassen Kleiner Dachs und Yakari das Indianerdorf, um für den Stamm Fische zu fangen. Kleiner Donner begleitet sie.

„Ich werde heute garantiert mehr Fische fangen als du, Yakari!", prahlt Kleiner Dachs. „Ich bin nämlich der beste Fischer des ganzen Stammes."

Am Fluss erwartet sie jedoch eine Überraschung. Mit lautem Knurren kommt ein Grizzlybär aus dem Gebüsch. Kleiner Dachs stellt sich ihm zunächst mutig entgegen. Doch als sich der Bär drohend vor ihnen aufbaut, läuft der kleine Sioux lieber davon.

„Gib mir meine Fische!", knurrt der Grizzlybär Yakari an.

Der Indianerjunge hebt sofort die Arme, um das wütende Tier zu beruhigen.

„Ich hab deine Fische nicht", erwidert Yakari. „Schau selbst!"

Erst als Yakari seine leere Tasche zeigt, lässt der Grizzlybär seine Pranken sinken. Verzweifelt erzählt er: „Seit zwei Tagen ist hier schon kein Fisch mehr vorbeigekommen. Ich dachte eigentlich, ihr hättet sie alle weggefangen."

Yakari kann kaum glauben, was er da hört. Keine Fische? Sogleich untersucht er den Fluss. Ein merkwürdiger Geruch steigt ihm in die Nase.

„Das Wasser hat sich verändert", stellt Yakari fest. Es sieht trüber aus als sonst.

Der Grizzlybär bittet den jungen Sioux um Hilfe, denn schließlich hat er schrecklichen Hunger.

„Wir haben auch großen Hunger", ruft da ein Otter.
Die anderen Otter im Fluss stimmen ihm nickend zu. Das macht den Grizzlybär wieder zornig. Bestimmt haben die Otter alle Fische gefangen. Ein hitziger Streit beginnt. Jeder gibt dem anderen die Schuld. Yakari greift ein.
„Beruhigt euch doch mal!", sagt er. „Ich werde mich darum kümmern. Es muss doch eine Erklärung dafür geben."

Ehe er das Rätsel lösen kann, muss er zunächst dem Stamm Bescheid sagen. Seine Nachricht sorgt für Unruhe im Indianerdorf. Schon jetzt sind die Vorräte sehr knapp. Einige Sioux setzen sich vor einem Tipi in einem Kreis zusammen.

„Bald haben wir nichts mehr zu essen", sagt Stolzer Wolf.
„Sonst gibt es um diese Jahreszeit immer Fische", meint Stiller Fels.
Besorgt lauscht Yakari dem Gespräch. Ein Fluss ohne Fische ist für die Indianer genauso bedrohlich wie für die Tiere. Yakari zögert keine Sekunde. Er muss seinem Stamm helfen und unbedingt herausfinden, warum die Fische verschwunden sind.
Auf Kleiner Donner reitet er zurück zum Fluss. Yakari grübelt: „Wenn es in der Nähe unseres Dorfes keine Fische mehr gibt, heißt das, das Problem muss weiter oben liegen!"
Er galoppiert am Ufer entlang und nimmt dann eine Abkürzung über einen Hügel.
Als Yakari schließlich wieder am Fluss ins Wasser blickt, staunt er. Hier tummeln sich unzählige Fische. Also sind sie nicht verschwunden. Irgendetwas hindert sie daran, weiter zu schwimmen. Aber was? Hätten Yakari und Kleiner Donner dieses Hindernis nicht unterwegs bemerken müssen?

Plötzlich blendet helles Licht Yakaris Augen. Sein Totem Großer Adler erscheint und lässt sich direkt vor ihm im Gras nieder. „Yakari, du tust wirklich sehr gut daran, dich um diesen Fluss zu kümmern, der für alle Lebewesen so wichtig ist", sagt Großer Adler weise. „Aber es wird nicht ausreichen, nur die Fische zu befreien. Du musst dafür sorgen, dass das Problem nicht wieder auftaucht, wenn du es gelöst hast."

Was soll das bedeuten? Ehe Yakari etwas erwidern kann, breitet Großer Adler seine Schwingen aus und fliegt davon. Nachdenklich reitet Yakari weiter, bis er eine aufgeregte Stimme hört.

„Hilfe! Hilfe!", jammert jemand. Yakari ist sofort zur Stelle und entdeckt ein Gleithörnchen. Zitternd hängt es mit allen vier Pfoten an der Rinde eines Baumes fest.

„Wie konnte das passieren?", fragt Yakari. Ganz vorsichtig zieht er das kleine Tier vom Stamm.

„Da ist irgendwas ganz Klebriges auf dem Boden", erzählt das Gleithörnchen. „Ich konnte mich losreißen. Aber dann hatte ich es an den Pfoten und bin wieder festgeklebt."
Yakari horcht auf und will alles ganz genau wissen. Vielleicht kann das Gleithörnchen sie zum klebrigen Boden führen?

„Ich gehe da nicht wieder hin", meint das kleine Tier, bedankt sich für die Rettung und segelt schnell davon.

Und tatsächlich finden Yakari und Kleiner Donner die Stelle auch ohne die Hilfe des Gleithörnchens. Wie sonderbar es hier riecht, genauso seltsam wie vorhin das Flusswasser!

In der Nähe des Ufers entdecken sie mehrere bunte Kanus und stoßen schließlich auf einen Indianer ihres Stammes. Es ist Müder Krieger. Er erklärt: „Ich repariere die Kanus mit diesem Harz hier. Aber das will einfach nicht halten."
Yakari versteht sofort, warum die gelbe Flüssigkeit immer wieder von den Booten tropft. Es regnet. Deshalb kann das Harz nicht trocknen. Und noch etwas bemerkt der kleine Indianer: Durch den vielen Regen läuft das Harzbecken über. Aus der Kuhle im Boden rinnt das Harz direkt in den Fluss.

„Müder Krieger bemerkt überhaupt nicht, dass das Harz nicht trocknet. Und deshalb trägt er einfach immer noch mehr auf. Darum werden auch die Fische aufgehalten", sagt Yakari aufgeregt. „Die Zweige haben sich verklebt und einen Staudamm gebildet."
Mit aller Kraft zerrt Yakari an der Mauer aus Holz, doch sie bewegt sich nicht.
„Tritt beiseite, Yakari! Ich mache das schon", ruft Kleiner Donner. Das Pony verpasst dem Damm einige kräftige Huftritte und reißt ihn damit ein. Geschafft! Ohne dieses Hindernis können die Fische wieder munter mit der Strömung schwimmen.
In diesem Moment fallen Yakari die Worte von Großer Adler ein. Nun versteht er sie.
„Wir müssen verhindern, dass das Harz weiter in den Fluss läuft", überlegt Yakari.

Und er hat sogar schon eine Idee: Sie müssen die Kanus irgendwo unterstellen, damit sie richtig trocknen können. Gemeinsam mit Kleiner Donner schiebt der junge Sioux das erste Boot an. Puh, ist das schwer! Zu zweit brauchen sie ewig, um alle Kanus an einen anderen Ort zu bringen. Aber wenn sie Müder Krieger zu Hilfe holen, brauchen sie vermutlich noch länger. Yakari stöhnt auf. „Wir bräuchten jemanden, der so richtig stark ist."

„Redet ihr da etwa von mir?", ertönt hinter ihnen eine Stimme. Es ist der Grizzlybär. Mit seinen großen Pranken hebt er ein Kanu nach dem anderen auf und trägt die Boote zu einem Felsvorsprung. Unter dem steinernen Dach sind sie vor dem Regen geschützt. Prüfend betrachtet Yakari unterdessen das Harzbecken.
„Wir müssen das Harz irgendwie umleiten", meint er. „Ich hab's! Wir müssen einen Graben bauen."
„Das ist eine Aufgabe für uns!", ruft da ein Otter vom Fluss herüber. Gemeinsam mit seinen Freunden macht er sich an die Arbeit. Im Nu haben die flinken Tiere einen Graben gebuddelt, der das Harz vom Ufer wegführt.
„Schon bald wird es in diesem Fluss wieder von Fischen wimmeln", jubelt Yakari. „Komm, Kleiner Donner! Wir reiten jetzt heim und überbringen dem Dorf die frohe Botschaft." Glücklich bedankt er sich bei dem Grizzlybären und den Ottern für ihre Hilfe.

Kaum hat sich der Indianerjunge verabschiedet, taucht Müder Krieger wieder auf. Verwirrt kratzt er sich am Kopf und fragt: „Yakari, hast du meine Kanus gesehen?"
„Die habe ich gleich dort drüben untergestellt", antwortet Yakari und kann sich das Lachen nur schwer verkneifen.
„Damit du beim Arbeiten nicht mehr so nass wirst. Lass dir ruhig etwas Zeit bei der Arbeit! Wenn du die Kanus richtig trocknen lässt, wirst du sehen, dass das Harz auch hält."
Müder Krieger nickt. „Dann war es also gar nicht nötig, dass ich mich so beeilt habe."
Dann schlurft er weiter. Kichernd reitet Yakari davon.
Noch langsamer als Müder Krieger kann gewiss kein Indianer arbeiten. Unterwegs kommt Yakari eine Idee, was er an diesem herrlichen Tag noch machen könnte. Eine Runde Wettfischen mit Kleiner Dachs!

Der Gesang des Raben

„Bravo!", klatscht Yakari und freut sich über das wundervolle Lied, das der Vogel Kernbeißer geträllert hat.
„Nicht einmal Stiller Fels zaubert solche Töne aus seiner Flöte", stimmt Kleiner Donner seinem Freund zu.
„Danke, Freunde!", piept Kernbeißer. „Ihr macht mich ganz verlegen."
„Ja", meint der Fasan. „Ich würde all meine Schwanzfedern geben, um so eine schöne Stimme zu haben."

Viele Tiere des Waldes haben sich auf der Lichtung versammelt, um dem Gesang des blaugelben Kernbeißers zu lauschen. Sogar der Elch ist gekommen. Kernbeißers Gesang lockt aber auch den Raben Krick-Krack an. Dieser fegt den kleinen Sänger mit einem Flügelwisch vom Ast, plustert sich auf und tönt: „Krah! Was, hier findet ein Sängerwettstreit statt? Warum hat mir denn keiner Bescheid gesagt?"

Yakari schimpft mit Krick-Krack und fordert ihn auf, sich zu den anderen zu setzen, um Kernbeißers Gesang zu lauschen. Doch Krick-Krack wirft den Rabenkopf in die Luft und krächzt: „Ich will nicht zuhören. Nein, nein, nein! Ich will selber singen."

„Du und singen?", fragt Yakari ungläubig.

Krick-Krack behauptet doch tatsächlich, Raben seien hervorragende Sänger und er selbst sei auch noch bei Weitem der Beste. Alle Tiere lachen. Doch das hält Krick-Krack nicht von seinem Rabengesang ab.

„Krah, krah, krah!", krächzt es so schauerlich vom Ast herunter, dass es jedem in den Ohren schmerzt. Und husch laufen alle Zuhörer weg.

„Mir fällt gleich das Geweih ab!", verabschiedet sich der Elch.

„Ich muss leider nach Hause, meine Ohren klingeln schon", piept Kernbeißer.

„Ich muss dringend die Nüsse zählen für den Winter", entschuldigt sich das Eichhörnchen.

„Yakari!", wiehert Kleiner Donner. „Es ist furchtbar, lass uns nach Hause gehen!" Yakari hält sich die Ohren zu und läuft hinter Kleiner Donner her.

„Wo wollt ihr denn alle hin?", krächzt Krick-Krack von seinem Ast herunter. „Ich bin doch noch gar nicht fertig!"

„Fürs Erste reicht es uns trotzdem", antwortet Yakari.

„Weil ihr meinen Gesang so schön findet. Ich bin eben der beste Sänger von allen. Das wusste ich ja schon lange!", lobt sich der Rabe.

Da stellt sich Yakari auf den Rücken von Kleiner Donner und lässt sich zu Krick-Kracks Ast tragen. Nun stehen sich die beiden fast Auge in Auge gegenüber.

„Sag mal!", beginnt Yakari. „Das meinst du doch nicht ernst, oder? Sei mir bitte nicht böse, aber Raben sind nun mal keine Singvögel."

„Krah!", regt sich Krick-Krack auf. „Was für eine bodenlose Frechheit! Sei lieber ehrlich und sag mir, dass ich viel zu viel Talent für eure schlichten, kleinen Ohren habe!"

Doch Kleiner Donner schüttelt den Kopf. „Lass uns gehen, Yakari! Dieser Rabe geht mir langsam auf die Nerven!"

Dann trabt er einfach davon.

„Bleibt gefälligst hier! Das ist ein Befehl!", krächzt der Rabe ihnen hinterher.

„Übertreib's nicht, Krick-Krack!", warnt ihn Yakari.

Yakari und Kleiner Donner reiten zurück ins Indianerdorf. Yakari hofft, der Rabe hat verstanden, dass er nicht nur ein schlechter, sondern ein ganz grauenhafter Sänger ist. Leider irrt er sich! Denn von diesem Tag an unternimmt Krick-Krack alles, um Yakari zu beweisen, was für ein guter Sänger er ist. Yakari sitzt beim Essen, Krick-Krack landet auf seinem Kopf und krächzt. Yakari reitet mit Kleiner Donner aus, Krick-Krack fliegt knapp über ihre Köpfe hinweg.

„Also, wer ist nun der beste Sänger?", kräht er.

„Du sicher nicht! Du singst wie ein rostiger Kochkessel!", ruft ihm der kleine Indianer zu. Das ist nicht die Antwort, die Krick-Krack hören wollte, und er wird zornig. Er verfolgt die beiden, die sich schnell hinter einem Baumstamm verstecken.

Bald findet Krick-Krack ein neues Opfer: Regenbogen. Yakari ahnt nicht, dass der Rabe sie schon entdeckt hat, und zieht die Freundin in sein Versteck. Aber schon schreit Krick-Krack wieder: „Wer hat die schönste Stimme? Klar, dass ich gewinne!"

„Weg hier!", ruft Yakari und läuft mit Regenbogen an der Hand los. Ewig können sie sich aber vor Krick-Krack nicht verstecken und Weglaufen ist auch keine Lösung. Also denken sie sich eine List aus, wie sie den aufdringlichen Raben loswerden können.

Da der lästige schwarze Vogel ihnen überallhin folgt, fällt ihnen schnell etwas ein. Sie legen sich ein Bisonfell um, sodass unten nur noch ihre Beine zu sehen sind. So gehen sie durchs Indianerdorf und Krick-Krack trippelt ihnen hinterher. Auch am Tipi von Fettauge, der wie immer schläft, kommen sie vorbei. Nur ganz kurz öffnet er doch seine Augen, als die drei vorübergehen, und wundert sich: „Hä, eine Decke mit vier Beinen? Hä, ein Vogel, der geht? Komischer Traum!", findet er und schnarcht weiter.

Yakari und Regenbogen sind nun am Zaun der Koppel angekommen. Krick-Krack möchte sie sofort mit einem weiteren Lied quälen. Da ruft Yakari: „Jetzt!", und die beiden werfen das Bisonfell über den Raben. Kurze Zeit scheint es, als hätten sie ihn gefangen. Aber Krick-Krack ist flink, hüpft unter der Decke hervor und flattert beleidigt davon. Die Kinder ärgern sich. Doch wenigstens sind sie den Raben erst mal los. Da kommen Schnelle Schildkröte und Stiller Fels vorbei. „Euch macht wohl dieser freche Vogel Schwierigkeiten, was?", fragt Schnelle Schildkröte.
„Ja, er hört nicht auf, uns zu ärgern, und dann kann er auch noch fliegen."
„Dann fangt den Vogel", lacht Schnelle
Schildkröte. „Nichts ist einfacher
als das. Hört auf den Rat
der Ältesten."
Dann flüstert
sie Yakari
etwas ins Ohr.

Krick-Krack nervt in der Zwischenzeit die Tiere des Waldes mit seinem Gesang. Das Eichhörnchen sagt: „Wie schrecklich!"
Der Elch ruft: „Da vergeht mir der Appetit!" Der Hase flieht ins Unterholz, und der Kojote droht: „Sei still oder ich beiß dich!"
Yakari und Regenbogen haben die Zeit genutzt, um ihre Falle vorzubereiten. Sie schütten eine dicke Schicht klebriges Kiefernharz über einen hohlen Baumstamm, der auf einer Lichtung liegt. „Sobald Krick-Krack sich auf den Baumstamm setzt, kann er nicht wieder wegfliegen. So haben Schnelle Schildkröte und Stiller Fels, als sie klein waren, Elstern gefangen", erklärt Yakari der Freundin. Da kommt der Fasan angelaufen.
„Bist du bald fertig, Yakari? Krick-Krack treibt uns alle in den Wahnsinn!"
„Ja", erwidert Yakari, „wir müssen ihn nur noch herlocken."
Also setzen sich die Tiere des Waldes, die Siouxkinder und Kleiner Donner auf die Lichtung und warten. Schon bald kommt Krick-Krack auf der Suche nach Zuhörern angeflogen. Er landet sofort auf dem nächsten Baum.
„Ein neuer Gesangswettbewerb?", fragt er. „Und ihr wartet auf meine Darbietung! Ist es so?"

Alle nicken. Doch der Rabe möchte sich absolut nicht auf den Baumstamm mit dem Kiefernharz setzen, aus Angst, Yakari könnte ihn wieder fangen. Da schmeichelt ihm der kleine Indianerjunge, indem er sagt: „Du sollst das Lob bekommen, das du verdienst. Nimm diesen besonderen Platz hier ein als weit und breit größter Sänger!"
Da willigt der Rabe ein: „Gut, wenn ihr alle so darauf besteht, werde ich für euch singen." Jeder jubelt, als der Rabe sich endlich in das Harz auf dem Baumstamm setzt. Und alle fliehen, als er mit seinem Krächzgesang beginnt. Yakari und Regenbogen halten sich die Ohren zu.
„Warum laufen alle davon? Wo ist mein Lob?", wundert sich der Vogel.
„Alle haben dir nur gezeigt, was sie empfinden. Du singst schlecht, Krick-Krack!", sagt Yakari.
„Du Betrüger! Du hast mich reingelegt!", schimpft der Rabe.
„Du hast nicht aufgehört, uns alle zu nerven. Es ging nicht anders", erwidert Yakari.
„Na warte!", droht Krick-Krack, aber als er auffliegen möchte, klebt er fest.
„Ich lass dich erst frei, wenn du versprichst, dass du uns nie mehr ärgerst."
Da hat der Rabe endlich ein Einsehen und verspricht schweren Herzens doch noch, das Singen aufzugeben.

Die Rache des Carcajou

„Hui!", tönt es aus einem der Bäume. Dann macht es dong! – und Yakari knallt etwas gegen den Kopf. Mit einem Rums landet das Ding auf dem Waldboden. Es kugelt noch ein bisschen herum, dann setzt es sich auf und sieht zu Yakari und Kleiner Donner hinauf. Es ist ein Flughörnchen. Der freche kleine Kerl beginnt zu kichern und meint: „Na, da hab ich dir ganz schön Angst gemacht, stimmt's?"
„Nein", schwindelt Yakari. „Dass du das bist, wusste ich doch schon von Anfang an."
„Na gut", sagt das Flughörnchen, zwischen dessen Vorder- und Hinterbeinen sich eine Haut spannt, auf der es durch die Luft gleiten kann. „Dann zeige ich dir eben meine neuen Tricks."
Schnell wie ein Pfeil klettert das Flughörnchen auf einen Baum. Es streckt die Beine weit

von sich, bis sich die Gleithaut dazwischen spannt. Dann segelt es von Ast zu Ast durch die Luft. Schön sieht das aus! Mit seinem langen, buschigen Schwanz steuert es dabei. Es kann sogar mitten im Flug die Richtung ändern.
„Du hast dich wirklich verbessert", lobt Yakari. Aber auf einmal verliert das Gleithörnchen die Kontrolle über seinen Flug. Es saust durch das Geäst und trudelt zu Boden, dass die Blätter nur so fliegen. Und dann landet es – so ein Pech! – mitten auf dem Bauch von Carcajou.
Natürlich erschrickt der Vielfraß, der gerade friedlich an einen Baum gelehnt sein Mittagsschläfchen hält. „Wer wagt es?!", brummt er. „Ein Flughörnchen!" Er schnappt es am Schwanz und hält es sich vors Gesicht. „So eins wollte ich doch schon immer mal essen. Mal sehen, ob du auch lecker schmeckst! Haha!"

Gerade möchte er das Flughörnchen verschlingen, da ruft Yakari: „Nein! Bitte tu das nicht! Das hat es nicht mit Absicht gemacht. Es ist noch ganz jung und lernt gerade erst fliegen."

„Das ist noch lange kein Grund, dass es meinen Bauch zum Rumspringen benutzt. Und außerdem können nur Vögel fliegen."

Wenn Yakari nicht schnell etwas einfällt, verspeist der Vielfraß seinen kleinen Freund!

„Nicht doch!", bittet der Junge Carcajou. „Wenn du wolltest, könntest sogar du fliegen! Das Flughörnchen würde es dir beibringen."

Das Flughörnchen schlottert und stottert: „Jajaja! Es ist ganz, ganz einfach!"

„Ja!", nickt Yakari.

Der Vielfraß glaubt nicht so richtig an sein Talent zum Fliegen. Wütend fragt er: „Wollt ihr euch über mich lustig machen?"

„Nein, nein, nein! Natürlich nicht!", schütteln Yakari und das Flughörnchen den Kopf. Yakari schlägt vor: „Mein Freund kann es dir doch mal zeigen!"

„Wehe, du machst dich bei der Vorführung aus dem Staub!", warnt der Vielfraß.
„Nein, ich bleib hier. Ich verspreche es", sagt das Flughörnchen. Also lässt der Vielfraß das Tierchen los, das sofort damit beginnt, Carcajou in die Kunst des Gleitens einzuweisen. Es segelt meisterhaft von Ast zu Ast, bevor es wieder auf dem Boden landet.
„Und du meinst, ich kann das auch?", fragt der Vielfraß. Das Flughörnchen nickt.

Und schon beginnt die erste Flugstunde. Dazu muss der Vielfraß sich auf den niedrigsten Ast eines Baumes stellen. Unsicher steht Carcajou nun auf dem Ast und traut sich nicht so richtig.
„Lass dich einfach von der Luft tragen", macht ihm das Flughörnchen Mut.
„Es ist ganz leicht!"
Kleiner Donner und Yakari warten gespannt darauf, was passiert.
„Ich glaube, dieser Vielfraß kann genauso gut fliegen wie ein Bison", spottet Kleiner Donner.
Inzwischen wackelt und schwankt Carcajou auf dem Ast herum. Er breitet seine Arme aus, streckt seine Beine – und dann plumpst er wie ein Stein auf den Waldboden.
Yakari lacht und sagt: „Ich glaube, wir sollten jetzt schnell verschwinden!" Geschwind springt das Flughörnchen auf Yakaris Arm und Kleiner Donner galoppiert mit den beiden davon. Als der Vielfraß sich aufgerappelt hat, donnert er: „Ihr habt euch doch über mich lustig gemacht! Das wird euch noch leidtun!"

Am nächsten Tag hat Yakari die Sache mit dem Vielfraß schon fast vergessen. Doch er hat dauernd das Gefühl, beobachtet zu werden. Als er auf Kleiner Donner in den Wald reitet, um nach dem Flughörnchen zu sehen, ruft eine hohe Stimme: „Yakari, hilf mir doch!"
Aber so sehr das Pony und Yakari sich anstrengen, sie finden nicht heraus, woher die Stimme kommt. Schließlich gelangen sie an eine Felsklippe und Yakari schaut hinunter in die Schlucht. Vielleicht ist jemand hinuntergefallen, der Hilfe braucht? Doch da ist niemand. Aber plötzlich spürt Yakari einen Schubs – und er fällt …
Es war Carcajou, der seine Stimme verstellt hat, um Yakari in eine Falle zu locken.
„Willst du auch mal fliegen, Yakari?", ruft der Vielfraß, als Yakari schreiend in die Tiefe

stürzt. „Hahaha!", lacht Carcajou grollend und macht sich aus dem Staub. Als er weg ist, schaut Kleiner Donner auf der Suche nach seinem Freund hinunter in die Schlucht. Auch das Flughörnchen, das den Lärm gehört hat, ist jetzt da.
„Was suchst du da?", fragt es und gemeinsam spähen sie in den Abgrund.
Tief unten hören sie Yakari rufen: „Hey, könnt ihr mir vielleicht helfen, wenn ihr Zeit habt?" Jetzt sieht Kleiner Donner Yakari. Oh nein! Er hängt mit seinen Armen an einem Ast, der aus dem Felsen herausragt.
„Halt durch, Yakari, wir holen dich da raus!", verspricht Kleiner Donner. Zum Glück findet er eine Liane und lässt sie zu dem Jungen hinunter. Aber sie verheddert sich und Yakari kommt nicht ran. Zu seinem großen Schrecken knackt auch noch der Ast.
Yakari weiß: Bald bricht der Ast und er fällt hinunter in die Tiefe. Dann ist er verloren! Da hat das Flughörnchen eine Idee. „Ich weiß!", ruft es und segelt die Schlucht hinab. Es packt im Gleitflug die Liane und schubst sie hinüber zu Yakari, der blitzschnell danach greift. Im selben Moment gleitet das Flughörnchen auf Yakaris Arm. Da bricht auch schon der Ast. „Los, Kleiner Donner, zieh!", ruft Yakari hinauf.

Endlich steht Yakari wieder auf der Klippe und spürt festen Boden unter seinen Füßen. „Dieses Mal ist der Vielfraß zu weit gegangen!", schimpft er.
Dann erscheint Großer Adler, Yakaris Totem und Beschützer. „Bedenke, Yakari, jedes Wesen hat seinen Platz! Und wer dich erschreckt, den kannst du erzittern lassen", rät ihm der Weißkopfseeadler.
Wie immer spricht Yakaris weiser Freund der Lüfte in Rätseln. Doch nach einigem Nachdenken versteht Yakari die Worte und hat eine Idee.

Schnell verrät er Kleiner Donner und dem Flughörnchen seinen Plan.

Das Flughörnchen lockt Carcajou in eine Schlucht. Dort erwartet den Vielfraß ein großer, dunkler Geist, der vor einer Felswand aufragt. „Oh nein!", ruft Carcajou erschrocken und weicht vor dem mächtigen Geist zurück. „Carcajou!", grollt der Geist. „Du denkst immer, du bist der Größte, und erschreckst jeden. Du musst aufhören, den anderen Angst einzujagen! Und überhaupt frisst du zu viel. Ab sofort frisst du nur noch Beeren und Wurzeln! Versprichst du das?"

Carcajou hat sich vor Angst hinter einem Felsen versteckt. „Ja, ja, ich verspreche es!", schwört er zitternd. Dann läuft er voller Furcht davon.

Wenn der Vielfraß wüsste, dass der große, gruselige Geist nur Yakari war, hätte er es sich wohl anders überlegt. Doch der kleine Sioux hat sich geschickt hinter einem Felsbrocken versteckt und dort ein Feuer angezündet. Verkleidet mit Bisonhörnern und Astgabeln in den Händen sitzt er auf Kleiner Donners Rücken. So wirft das Feuer einen Schatten an die Felswand, der aussieht wie ein riesiger, gehörnter Geist mit mächtigen Pranken. Aber weil Carcajou von alldem keine Ahnung hat, ist er seit diesem Tag freundlicher zu allen Wesen des Waldes. Nicht einmal das Flughörnchen muss sich noch vor ihm fürchten. Er isst brav Beeren und Wurzeln. Denn bricht der Vielfraß sein Versprechen, könnte es ja sein, dass der grauenhafte Geist zurückkehrt.

Das verlorene Vogelnest

„Du wirst doch nicht so einen schönen Baum fällen?", fragt Yakari seinen Biber-Freund Holzkopf, der gerade an einem Stamm nagt.

„Um gute Arbeit zu machen, brauche ich gutes Material", antwortet Holzkopf.

„Also, bei meinem Stamm sammelt man nur das abgestorbene Holz", erzählt Yakari. Doch Holzkopf sieht das anders. Denn bei den Bibern wurden schon immer Bäume gefällt, um Dämme und Wohnungen zu bauen.

„Aber wir nehmen nur so viel, wie wir brauchen", erwidert er. Und knabber, knabber! – schon hat er mit seinen kräftigen Vorderzähnen den halben Baumstamm abgenagt.

Da ruft es vom Baum herunter: „Bitte hör auf! Meine Eier!" Aber Holzkopf nagt fleißig weiter.

„Hör auf, da ist ein Nest!" Yakari zeigt in die Baumkrone. Doch da fällt der Baum schon. Im letzten Augenblick kann Yakari sich und den Biber vor dem fallenden Stamm retten. Die Baumkrone stürzt in den Fluss, und das Nest rutscht ins Wasser und schwimmt flussabwärts.

„Oh, oh, mein Nest! Mein Nest! Hilfe!", jammert die Vogelmutter.

„Da war ein Nest drin!", schimpft Yakari seinen Freund.

„Oje, oje! Ihr Biber denkt wohl, der ganze Wald gehört euch!", piept die blaugraue Zügelmeise mit dem süßen Puschel auf dem Köpfchen. „Und jetzt sind alle meine Eier verloren!"

„Das tut mir leid", entschuldigt sich Holzkopf. „Normalerweise sehe ich immer nach. Aber heute hab ich's vergessen. Entschuldigung!"

Und damit beginnt die große Verfolgungsjagd zu Land, zu Luft und zu Wasser. Yakari reitet auf Kleiner Donner am Ufer entlang dem Nest hinterher, die Meisenmama fliegt und Holzkopf verfolgt das Nest schwimmend. Aber keiner von ihnen erreicht es früh

genug und alle müssen zusehen, wie das Nest in eine Höhle treibt, in die der Fluss führt.
Yakari und Holzkopf schleichen sich vorsichtig hinein.
„Hast du das gehört?", fragt Yakari plötzlich.
„Nein", schüttelt Holzkopf seinen Biberkopf. „Ich höre gar nichts. Nur ein Rauschen."
Doch da ist tatsächlich noch ein anderes Geräusch! Es klingt wie ein Grollen.
„Hör doch!", sagt Yakari.
Der Biber hat Angst. „Was könnte das denn sein?", möchte er wissen.
„Das werden wir schon herausfinden", verspricht Yakari. Leise schleichen sie weiter. Kleiner Donner fragt sich schon, wo die beiden bleiben. Und da stürzen sie schon aus der Höhle.
„Los, versteckt euch!", ruft Yakari. Das Flussufer ist sofort wie leer gefegt. Und das ist gut so, denn aus der Höhle kommt der murrende und knurrende Carcajou. Und er hat ganz schön schlechte Laune.
„Aaargh! Wer wagt es, mich in meinem Mittagsschlaf zu stören?!" Er sieht sich eine Weile um, dann verschwindet er wieder grollend in der Höhle.

35

„Der sah böse aus", stellt Kleiner Donner fest.

„Sehr böse", findet Holzkopf.

„Allerdings!", ertönt eine andere Stimme. Sie stammt von einem schwarzen Tier mit langen, spitzen Ohren, das mit dem Kopf nach unten von einem Baumstamm hängt.

„Seidenohr!", erkennt Yakari seine alte Freundin, die Fledermaus. „Was machst du denn hier?"

Da berichtet die Fledermaus, dass Carcajou sie aus der Höhle gejagt hat. „Dabei kann ich gar nicht lange im Hellen bleiben. Fledermäuse leben doch im Dunkeln! Hilf mir bitte, Yakari!"

Der kleine Indianer versichert, es zu versuchen. „Aber ihr müsst mir alle dabei helfen, ja?" Kleiner Donner, Holzkopf und Seidenohr nicken Yakari zu. Die Meisenmama fragt von ihrem Ast aus: „Und was wird nun aus meinen Kleinen?"

„Die finden wir schon", tröstet Seidenohr.

„Aber da drinnen ist es zu dunkel", sagt Yakari.

„Mit einer Fackel würden wir mehr sehen", schlägt Holzkopf vor. Doch Kleiner Donner hält das für keine gute Idee. Er fürchtet, dass Carcajou dadurch aufwachen könnte.

Zum Glück hat Seidenohr die Lösung. Sie kann einfach nachsehen, denn Fledermäuse sehen ganz prima im Dunkeln. Und wie lautlos sie fliegen können!

„Aber sei trotzdem vorsichtig", bittet Yakari.

„Keine Sorge!", flötet Seidenohr und verschwindet in der Höhle. Schon bald ist die Fledermaus zurück und Yakari ritzt nach ihren Angaben mit einem Stock einen Plan in den Boden, der zeigt, wie es in der Höhle aussieht. Für den Fluss ritzt er einen Strich. Der Ort, an dem Carcajou schläft, bekommt ein Kreuz und der Platz, an dem das Vogelnest liegt, einen Kreis.

„Carcajou ist genau in der Mitte", stellt Yakari fest.

„Wir müssen also an dem hässlichen Kerl vorbei", bemerkt Kleiner Donner. Holzkopf fürchtet, dass Carcajou die Eier fressen wird, wenn er sie entdeckt. Da weint die Vogelmama vor Angst um ihre Eier. Yakari wirft seinem Freund Holzkopf einen bösen Blick zu.

„Es gibt noch einen zweiten Eingang durch einen Felsspalt", meldet Seidenohr. „Mitten in der Höhle. Er ist ganz in der Nähe des Nests und führt direkt ins Freie."

Und genau den benutzt Yakari, um sich an einem Seil in die Höhle abzuseilen. Seidenohr fliegt voraus.

„Halt!", ruft die Fledermaus. „Du bist jetzt direkt über Carcajou. Komm hierher!" Yakari nickt und versucht, mit dem Seil weiter nach rechts zu schwingen. Dorthin, wo Seidenohrs Ruf herkommt. Nun schwebt er zwar fast über dem Nest, aber er kommt trotzdem nicht ran. Das Seil ist zu kurz. Er schwingt noch einmal und noch einmal und dann? ... Oh Schreck! Das Seil reißt und Yakari plumpst auf den Höhlenboden. Er erstarrt und bleibt ganz still.
Carcajou schläft zum Glück weiter. Leise kriecht der kleine Indianer zum Vogelnest und hebt es aus dem Fluss. Alle Eier sind heil. Aber in diesem Moment wacht Carcajou knurrend wieder auf.

Während er sich noch verschlafen die Augen reibt, verkriecht sich Yakari rasch mit dem Vogelnest hinter eine Felswand. Allerdings entdeckt Carcajou sofort das gerissene Seil, schnuppert daran und fragt mit seiner tiefen, grollenden Stimme: „Hey, wer ist da? Wer hat mich schon wieder aufgeweckt?" Yakari bibbert und beißt vor Angst die Zähne zusammen, damit der Vielfraß sie nicht klappern hört. Carcajou ist schon ganz nah!

„Hallo!", ertönt plötzlich eine bekannte Stimme aus der anderen Richtung. „Hey, Carcajou, komm, lass uns spielen!" Es ist Holzkopf, der Carcajou weglocken will. Mit großen Sprüngen jagt der Vielfraß wütend hinter dem Biber her. „Na los, du Nachtschattenmonster!", beleidigt er Carcajou. „Fang mich, wenn du kannst!" Carcajou rennt blind vor Zorn dem Biber hinterher.
Das verschafft Yakari Zeit, mit dem Vogelnest die Höhle zu verlassen.

Das Nest ist in Sicherheit. Überglücklich kommt gleich die Meisenmama angeflogen und setzt sich auf ihr Nest. „Meine Kleinen!", seufzt sie freudig. Holzkopf hat den Vielfraß schon weit von der Höhle weggeführt. Aber nun verlässt ihn die Kraft. Als er bemerkt, dass Carcajou ihn fast eingeholt hat, sagt er: „Ich hab keine Lust mehr." Und hoppla! – schon springt er in den Fluss. Welch ein Glück für ihn, dass Vielfraße Wasser hassen!
„Na gut. Ich werde mir ein anderes Plätzchen für meinen Mittagsschlaf suchen. Bei dem Krach wird man ja noch ganz verrückt!" Und damit setzt sich Carcajou in Bewegung. „Biber, Biber, immer diese Biber!", knurrt er noch, während er davontrottet.

Endlich kann Yakari das Vogelnest wieder in eine Baumkrone legen. Die Zügelmeise setzt sich froh hinein und zwitschert: „Ahhh! Ich danke euch! Und auch dir, Holzkopf. Ihr habt meine Kleinen gerettet!"
„Schon gut", antwortet Holzkopf verlegen. „War doch halb so wild." Aber in Wirklichkeit fällt ihm ein Stein vom Herzen, dass alle Eier im Nest noch heil sind und die Vogelmama nicht mehr weint. „Und ich verspreche dir, nie mehr einen Baum zu fällen, ohne nachzusehen, ob darin jemand wohnt."
Bald nachdem sich Yakari, Kleiner Donner, Seidenohr und Holzkopf von der Zügelmeise verabschiedet haben, schlüpfen ihre Jungen. Es sind vier süße, winzige Piepmätze. Und Holzkopf hat sich an sein Versprechen gehalten – sein ganzes Biberleben lang.

Der Traumfänger

Zitternd sieht Yakaris Mutter Schimmernde Zöpfe in die gelb leuchtenden Augen des Vielfraßes. Das wütende Raubtier faucht gefährlich. Sprungbereit fletscht es seine spitzen Zähne. Gleich hat die Bestie Yakaris Mutter.
„Nein!", schreit Yakari.
„Schon gut!", weckt ihn Schimmernde Zöpfe und der böse Traum ist vorbei. Yakari seufzt erleichtert. Er ist froh, dass seine Mutter gesund und lächelnd vor ihm sitzt. Trotzdem erzählt er ihr den schaurigen Traum. Schimmernde Zöpfe beruhigt ihn: „Du hast zu oft so schlechte Träume. Weißt du, was ich für dich mache? Einen Traumfänger!"
Von so einem seltsamen Ding hat Yakari noch nie gehört. Also erklärt ihm seine Mutter: „Das ist ein Zaubernetz, das wir hier in deinem Tipi aufhängen, um böse Träume zu fangen. Nur die schönen Träume schlüpfen durch das Netz."
Jetzt soll der kleine Indianer weiterschlafen. Yakari erschrickt: „Oh nein! Kommt dann nicht der Vielfraß wieder zurück?" Doch die Mutter erinnert ihren Sohn noch einmal: „Es war nur ein Traum. Schlaf jetzt! Dir kann nichts geschehen."
Doch bei sich denkt sie: „So kann das nicht weitergehen. Mein Sohn braucht schleunigst einen Traumfänger." Zum Glück lernen alle Indianerinnen von ihren Müttern, wie man einen Traumfänger bastelt.

Den äußeren Kreis der Traumfänger fertigt man aus den biegsamen Zweigen des Weidenbaums. In diesen Reif wird ein Geflecht aus Gräsern oder anderen Fasern geknotet. Das sieht so ähnlich aus wie ein Spinnennetz. Zum Schluss wird der Traumfänger noch mit Blättern, Leder, Pferdehaaren, Federn und Perlen oder getrockneten Beeren verziert. Schimmernde Zöpfe hat noch viel vor sich, um all diese Dinge zu sammeln.

Kaum erwacht der neue Tag, hängt sie sich ihre Ledertasche um und macht sich auf den Weg. Der Dorfhund Knickohr folgt ihr fröhlich bis vor das Siouxdorf. Dort schläft unter einem großen Baum der dicke Indianer Fettauge. Er bewegt sich normalerweise so wenig wie die Fettaugen in einer Suppe: nämlich gar nicht. Am liebsten verschläft er Tag und Nacht. Gerade wälzt er sich unruhig im Schlaf.
„Oh nein!", sagt Schimmernde Zöpfe. „Fettauge wird auch von Albträumen gequält."
Nun will sie sich erst recht auf die Suche nach den Dingen für den Traumfänger machen. Knickohr begleitet sie zum See der tausend Augen. Dort steht eine große Trauerweide am Ufer.

Vorsichtig schneidet Schimmernde Zöpfe ein paar Ästchen ab. Dann sagt sie: „Danke für die Zweige, Weidenbaum. Sie werden helfen, den Schlaf meines Sohnes zu schützen." Danach verneigt sie sich leicht, um dem Baum für sein Geschenk zu danken. „Jetzt fehlen noch Brennnesselblätter. Die finden wir sicher im Wald", sagt Schimmernde Zöpfe zu Knickohr.

Im Indianerdorf ist Yakari inzwischen aufgewacht. Er geht zur Pferdekoppel. „Na, heute mal gut geschlafen?", begrüßt Kleiner Donner seinen Freund.
„Leider nicht", antwortet Yakari und springt dem Pony auf den Rücken. „Aber das wird sich bald ändern, weil mir meine Mutter einen Traumfänger bastelt." Neugierig, was Yakaris Mutter für den Traumfänger alles sammelt, machen sie sich auf, um sie zu suchen.

Unterdessen geht Schimmernde Zöpfe immer tiefer in den Wald. Schwanzwedelnd läuft ihr Knickohr jetzt voraus. „Warte!", ruft sie, aber schon ist er im Unterholz verschwunden. Schimmernde Zöpfe läuft ihm nach. Dabei bleibt ihr Kleid an einem Dornbusch hängen: Ratsch – reißt eine der Federn ab. Doch Schimmernde Zöpfe merkt es nicht und folgt Knickohr. Der tapst neugierig in einen hohlen Baumstumpf und springt sogleich wieder heraus. Eine mächtige Pranke mit fürchterlichen Krallen schlägt nach ihm. Plötzlich funkeln Schimmernde Zöpfe zornige gelbe Augen an. Ihr wird ganz schlecht vor Schreck: Es ist ein Vielfraß! Sofort fällt ihr Yakaris Traum wieder ein. Als der Vielfraß knurrend auf sie zuspringt, geht Knickohr in letzter Sekunde dazwischen und lenkt das Raubtier ab. Trotzdem stolpert Schimmernde Zöpfe rückwärts über einen großen Stein und fällt ins Gras. Knickohr flitzt in einen hohlen Baumstamm, der auf der Erde liegt. Der Vielfraß folgt ihm, doch das Raubtier

ist größer als der Hund und bleibt stecken. Rasch nimmt Schimmernde Zöpfe den großen Stein, über den sie gerade gestürzt ist. Da sprengt das Raubtier den Stamm mit aller Kraft und richtet sich drohend auf. Schimmernde Zöpfe wirft den Stein, doch die Bestie wehrt ihn mit der starken Pranke ab. Der Brocken fliegt hoch in die Luft. Und alles, was nach oben geht, kommt auch wieder herunter. So knallt der Stein dem Vielfraß mitten auf den Kopf. Mit einem lauten Rums bricht er zusammen.

„Schnell weg hier!", ruft Schimmernde Zöpfe Knickohr zu.
Nachdem sie eine Weile gelaufen sind, hält Schimmernde Zöpfe endlich an. „Es ist viel zu gefährlich hier", stellt sie fest. „Wir müssen uns mit der Suche beeilen."

Nicht weit entfernt strengen sich Yakari und Kleiner Donner an, die Fährte von Schimmernde Zöpfe nicht zu verlieren. „Wo ist meine Mutter nur hingegangen?", fragt Yakari. „Sie geht sonst nie so weit." Im Gras findet er einige Federn. „Guck mal!", ruft er Kleiner Donner zu. „Meine Mutter hat doch solche Federn an ihrem Kleid! Da ist irgendwas passiert."
Während sie den Spuren von Yakaris Mutter nachreiten, findet Schimmernde Zöpfe im saftigen Gras ein verlassenes Vogelnest mit sechs hübschen schwarz-weißen Federn darin. „Ihr habt mir noch für den Traumfänger gefehlt", lacht sie und steckt sie in ihre Tasche. Aber auch der Vielfraß ist inzwischen nicht faul. Wütend sucht er nach der Indianerin und ihrem Hund.
Jetzt entdeckt er die beiden! Knickohr stellt sich ihm entgegen, doch der Vielfraß schlägt mit seiner Pranke so fest zu, dass Knickohr durch die Luft gewirbelt wird. Schnell versteckt

sich Schimmernde Zöpfe hinter einem Baum. Wenn nicht bald Hilfe kommt, wird der Vielfraß sie wieder angreifen.

Endlich treffen Yakari und Kleiner Donner ein. Gerade rechtzeitig. „Hau ab!", schreit Yakari. Das macht den Vielfraß noch wütender. Doch der kleine Sioux lässt sich nicht einschüchtern. Mutig schnappt er sich einen Stock. Aber Knickohr kommt ihm zuvor und beißt den Vielfraß ins Hinterbein. Dafür bekommt er wieder einen Schlag von der großen Pranke. Dann brät Yakari dem Ungetüm mit seinem Stock eins über. Auch Kleiner Donner hilft. Er bäumt sich auf und droht dem Vielfraß mit seinen kräftigen Vorderhufen. Von der anderen Seite kommt Schimmernde Zöpfe mit ihrem Stock. Vier kämpfende Freunde sind selbst für den starken Vielfraß zu viel und er läuft weg.

„Danke", sagt Schimmernde Zöpfe zu Yakari. „Ich bin stolz auf dich, mein Sohn."

„Und ich bin sehr stolz auf Knickohr und Kleiner Donner", lobt Yakari seine Freunde.

Schließlich kommen alle wieder gesund im Indianerdorf an. Dort fängt Schimmernde Zöpfe sofort an, den Traumfänger zu basteln. Fleißig arbeiten ihre Hände und knoten Faden um Faden an dem Weidenring fest, bis ein schönes Muster entsteht. Es sieht aus wie eine hübsche Blume. Schimmernde Zöpfe knotet noch Perlen mit ein. „Etwas fehlt

doch noch", fällt ihr ein. Sie geht zu Kleiner Donner und sagt: „Erlaubst du, Kleiner Donner? Ich nehme auch nur die Haare, die schon lose sind." Bereitwillig beugt das Pony seinen Kopf und Schimmernde Zöpfe zieht einige seiner langen Mähnenhaare heraus. Dann bedankt sie sich und vertieft sich wieder in ihre Arbeit, bis der Traumfänger fertig ist.

„Der ist einmalig!", findet Yakari. „Den muss ich sofort ausprobieren."
Da der Abend noch nicht angebrochen ist, gehen sie zu Fettauge. Der schläft immer noch unter seinem Baum und wieder quälen ihn Albträume. Leise hängt Yakari den Traumfänger an den Ast über Fettauges Kopf. Sogleich schläft der dicke Indianer viel ruhiger. „Es funktioniert wirklich", freut sich Yakari.
Seit diesem Tag fängt der Traumfänger alle schlechten Träume. Alle guten Träume jedoch schlüpfen in der Mitte durch das Netz. Und die erzählt Yakari am nächsten Morgen dann seiner Mutter und seinem Freund Kleiner Donner.

Die gestohlene Bisonhaut

Im Lager der Sioux ertönt am frühen Morgen ein lauter Aufschrei. „Oh nein! Wer wagt es, so etwas zu tun?", ruft Stiller Fels und reißt die Arme hoch. Der Stammesälteste ist verzweifelt. Kühner Blick, Yakari und Kleiner Dachs eilen herbei.

„Was ist passiert?", will Yakari aufgeregt wissen.

Stiller Fels zeigt auf ein Holzgestell und erklärt: „Dort hatte ich gestern die bemalte Bisonhaut unserer Vorfahren aufgehängt und heute Morgen ist sie verschwunden – einfach weg. Ich habe sie schon überall gesucht!"

Kühner Blick runzelt die Stirn und fragt: „Wer mag das gewesen sein? Sie gehört doch uns allen."

„Ja", antwortet Stiller Fels. „Diese uralte lederne Haut ist überaus wertvoll, denn die vielen Zeichnungen darauf erzählen die Geschichte unseres Stammes, die sehr weit in die Vergangenheit zurückreicht!"

Yakari überlegt: „Der Dieb muss Spuren hinterlassen haben." Er schaut sich den Boden unter dem Holzgestell genau an.

Erschöpft lässt sich Stiller Fels auf einen Baumstamm sinken. „Ach, mir fehlt die Kraft, die Diebe zu suchen", seufzt er.

„Aber mir nicht", bekräftigt Kleiner Dachs. „Und ich bin der beste Fährtenleser in der ganzen Prärie!"

Das kann Yakari nicht auf sich sitzen lassen: „Übertreibst du da nicht ein kleines bisschen?"

„Wieso?", kommt die schnippische Antwort. „Wollen wir wetten? Ich finde die Bisonhaut schneller als du!", meint Kleiner Dachs.

Yakari muss nicht lange überlegen. „Einverstanden. Die Wette gilt."

Vor Begeisterung führt Kleiner Dachs einen Kriegstanz auf. Stiller Fels und Kühner Blick betrachten ihn schmunzelnd. Kleiner Dachs entdeckt direkt am Holzgestell merkwürdige Spuren. „Der Dieb ist klug. Er hat seine Fährte verwischt. Aber man sieht trotzdem noch, dass er da lang in den Wald gelaufen ist." Sofort rennt er los.

Yakari blickt ihm grimmig nach. „Kleiner Dachs ist ungestüm, aber so ein Vorhaben ist kein Spiel, Yakari", erklärt Kühner Blick seinem Sohn. „Wenn du eine Fährte verfolgst, tu nichts Unbedachtes, sondern schau dich sorgfältig um!" Er reicht Yakari ein Amulett, das er geschnitzt hat – ein Adler an einem Lederband. „Hier, der wird dir Glück bringen."

„Toll!", freut sich Yakari und legt sich die Kette um. „Danke, Vater!" Dann läuft er zu Kleiner Donner und macht sich auch auf die Suche nach der Bisonhaut.

Im Wald entdeckt Yakari eine Spur und treibt Kleiner Donner an. „Schnell, die Fährte ist noch ganz frisch!" Dem Pony ist der wilde Ritt über den schmalen Pfad nicht geheuer, aber Yakari hat das Jagdfieber gepackt. Doch plötzlich muss Kleiner Donner anhalten und Yakari saust im hohen Bogen über den Kopf des Ponys zu Boden, genau vor ein äußerst ungehaltenes Stachelschwein.

„Entschuldige bitte", stammelt Yakari. „Ich suche einen Dieb …"
„Diebe gibt es hier nicht!", schimpft das Stachelschwein. „Du solltest besser schnellstens verschwinden, sonst wirst du gleich mal meine Stacheln kennenlernen!"
Eilig schwingt sich Yakari wieder auf Kleiner Donner. „Mein Vater hat recht, ich muss besser aufpassen. Lass uns noch mal von vorne anfangen!"
Und weiter geht die Suche durch den Wald. An einem Gebüsch fällt Yakari etwas auf. „Sieh doch, Kleiner Donner, ein Fellbüschel!" Er kriecht über den Waldboden und findet noch mehr heraus: „Hier wurde etwas entlanggeschleift! Dann ist der Dieb also ein Tier – und nicht sehr groß!"
„Glaubst du wirklich, ein Tier würde extra seine Spur verwischen?", fragt Kleiner Donner zweifelnd.
„Es ist merkwürdig, aber ich habe so ein Gefühl …" Yakari folgt der Spur tief über den Waldboden gebeugt, als er plötzlich einen feuchten Stupser in seinem Gesicht spürt und vor Schreck hintenüberfällt. Dann erkennt er den frechen Hund Knickohr, der ihnen in den Wald gefolgt ist. „Kannst du uns nicht helfen?", bittet Yakari. Der Hund scheint schon Witterung aufgenommen zu haben, denn er läuft zielstrebig los. Yakari schwingt sich auf Kleiner

Donner und folgt Knickohr. Immer schneller führt der Ritt durch den Wald, bis …
„Diese Bäume, diese Büsche …" Yakari kommt alles plötzlich so bekannt vor. Oh nein! Knickohr hat sie direkt zum Lager zurückgeführt, wo er sich von Yakaris Mutter Schimmernde Zöpfe eine Leckerei abholt.
„Du bist schon zurück, Yakari?", fragt Kühner Blick erstaunt. „Hast du die Haut gefunden?"
„Nein", antwortet Yakari enttäuscht. „Kleiner Dachs findet sie bestimmt vor mir."
„Hab Geduld, Yakari!", rät Kühner Blick. „Der Erste oder der Beste zu sein zählt nicht, sondern das gute Herz."
Yakari nimmt sich den Rat seines Vaters zu Herzen und beginnt die Suche mit neuem Mut von vorn.

Zurück im Wald überlegt er: „Hier sind die Spuren, die zum Stachelschwein führen. Also versuche ich es jetzt auf der anderen Seite."
Tatsächlich – an einer Baumwurzel hängt noch so ein helles Fellbüschel, wie er es vorhin schon einmal gesehen hat. Und da noch eines, diesmal dunkler. Yakari überlegt: „Das bedeutet, es sind zwei Diebe. Und sie waren erst vor Kurzem hier, weil der Wind ihre Fellbüschel noch nicht davongeweht hat."

Yakari und Kleiner Donner nehmen die Verfolgung auf und am Flussufer macht Yakari eine wichtige Entdeckung: „Sieh mal, Kleiner Donner, es sind wirklich zwei! Den Spuren nach sind es junge Kojoten!"
„Junge Kojoten?", fragt Kleiner Donner kopfschüttelnd. „Die sind ja wirklich schlau. Aber ob sie auch ihre Spuren verwischen würden?!"
„Nein", erwidert Yakari. „Aber sie ziehen etwas hinter sich her – die Bisonhaut natürlich! Los, komm, sie können noch nicht weit sein, die Spuren im Lehm sind noch frisch!"

An einem Berghang am Waldrand findet Yakari die beiden Raufbolde. Sie zerren und reißen die Bisonhaut zwischen sich hin und her. Yakari freut sich: „Ich habe die Bisonhaut vor Kleiner Dachs gefunden!"
Kleiner Donner antwortet: „Ja, aber wenn du dich jetzt nicht beeilst, haben wir zwei Bisonhäute statt einer." Sofort ruft Yakari den Kojoten zu: „Hey, hört sofort auf!"
Das tun die beiden zwar auch, aber nur einer lässt die Bisonhaut los. Der andere Kojote schleppt seine Beute weiter den steilen Berghang hinauf und lässt sich durch Yakaris Rufe nicht aufhalten. Schnell klettert der kleine Sioux ihm auf dem gefährlichen Weg hinterher. Mit einem Mal verfängt sich die Bisonhaut zwischen zwei Steinen, wo sie der kleine Kojote nicht mehr herausbekommt. Er gibt auf und verschwindet zwischen den Felsen. Yakari freut sich, dass er die Bisonhaut zurückerobert hat. Doch als er sie mit Schwung aus dem Spalt zieht, purzelt er rückwärts und fällt auf einen Felsvorsprung. Dabei verliert er das Amulett, das sein Vater ihm geschenkt hat.

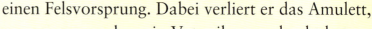

Und da kommt Kleiner Dachs den Berg herauf.
„Haha!", jubelt Yakari. „Du kommst zu spät." Plötzlich hört er ein Winseln. Der kleine Kojote ist auf einen Felsvorsprung gestürzt, von dem er nicht mehr alleine wegkommt. Yakari zögert keine Sekunde und lässt die

Bisonhaut liegen, um dem kleinen Tier zu helfen. Es gelingt ihm, den Kojoten wieder auf sicheren Boden zu holen.

Inzwischen hat Kleiner Dachs die Bisonhaut entdeckt und auch das Amulett. „Hurra, ich bin der Größte!", jubelt er und eilt zurück ins Lager. Stolz präsentiert er die Bisonhaut Stiller Fels und Kühner Blick, die ihn sehr loben. Dann zieht Kleiner Dachs das Adler-Amulett hervor. „Neben der Bisonhaut habe ich auch diesen Holzadler wiedergefunden", sagt er. Nun kommt auch Yakari auf Kleiner Donner herangestürmt. „Yakari, kommst du erst jetzt? Die Bisonhaut habe ich schon lange gefunden", spottet Kleiner Dachs. „Stimmt ja gar nicht", erwidert Yakari. „Ich hatte sie vor dir, ich musste nur einem Kojoten in Gefahr helfen. Aber meinetwegen – du hast gewonnen, Kleiner Dachs." Kühner Blick reicht Yakari das Adler-Amulett und sagt: „Das hat Kleiner Dachs bei der Bisonhaut gefunden. Es hat wohl der verloren, der die Haut zuerst entdeckt hat – jemand, der ein gutes Herz hat."
„Es gibt wirklich wichtigere Sachen", stellt Yakari zufrieden fest. „Man muss nicht immer der Erste sein."

Yakari und die Riesenechse

Heute besucht Yakari die Waschbären am Waldteich. Fröhlich planschen die zwei Kerlchen im Wasser, spritzen Yakari nass und suchen nach Nahrung.
„He, Yakari, möchtest du probieren?" Übermütig schwenkt einer der Waschbären eine Muschel. Sein Freund hat inzwischen einen Fisch gefangen und wirft ihn hoch in die Luft, um ihn mit dem Maul aufzuschnappen. Ein weißer Fischreiher ist aber schneller. Yakari liegt im Gras am Ufer und lacht: „Was für eine Aufregung hier! Ich mag euren Teich."

„Ja", stimmt ihm einer der Waschbären zu. „Es ist der schönste Ort der Welt." Und sein Freund meint: „Hier haben wir alles, was wir brauchen – vor allem Nahrung."
Yakaris Pony Kleiner Donner spuckt beim Grasen plötzlich angeekelt etwas aus. Es ist ein Frosch, der schnell das Weite sucht. „Bäh! Nicht mein Geschmack, diese Nahrung", schnaubt das Pony und schüttelt sich.

Regenbogen kommt dazu. Sie hat zwei Wasserschläuche dabei und ruft: „Yakari, was träumst du hier vor dich hin? Du kannst mir helfen, wenn du willst. Ich muss frisches Wasser holen."
Überrascht springt Yakari auf und meint: „Hier ist mehr als genug Wasser für dich. Komm, Regenbogen, wir füllen die Schläuche!"
Seine Freundin zögert: „Hmm, nein! Ich glaube, das ist keine gute Idee. Die Frauen aus dem Dorf holen das Wasser nie hier. Es passt nicht zu uns Menschen."
Yakari erwidert: „Aber ja. Außerdem gibt es hier eine Menge Tiere zu beobachten."
„Ganz genau, ein bisschen zu viele Tiere für mich." Entschlossen geht Regenbogen ihren Weg weiter.
Yakari ruft ihr nach: „Seit wann hast du Angst vor kleinen Tieren?" Er bemerkt nicht, wie ihm eine Schlange ins Hosenbein kriecht. Als sie ihn kitzelt, schüttelt er sich, um die Natter loszuwerden. Dabei landet er im Teich. Prustend taucht er wieder auf.
Jetzt hat Regenbogen gut lachen: „Seit wann hast du Angst vor kleinen Tieren, Yakari? Ein Rat von mir – trink das Wasser besser nicht." Yakari spuckt das Wasser in seinem Mund aus, klettert ans Ufer und folgt Regenbogen und Kleiner Donner auf dem Weg zum Wasserfall. Den unheimlichen Schatten im Wasser sieht er nicht …

Am Wasserfall füllen die Kinder die Schläuche mit frischem Quellwasser und bringen es ins Lager zurück. Dort schüttet Yakaris Mutter Schimmernde Zöpfe das Wasser in einen großen Topf über dem Feuer und erklärt den Kindern: „Alles, was sich bewegt, ist gut für uns Sioux – wie der Wind im Gras, die galoppierenden Pferde auf der Prärie oder das Blut,

das durch unsere Adern fließt. Mit dem Wasser ist es dasselbe. Wasser, das sich bewegt, ist gut für uns – Wasser aus Bächen oder Flüssen. Das Wasser, das schläft, lähmt uns und macht uns krank."

In der Vollmondnacht schläft Yakari unruhig. Großer Adler erscheint ihm und sagt: „Es ist wahr, Yakari, von dem Wasser im Teich geht Gefahr aus." Dann quält Yakari ein unheimlicher Traum: Der weiße Fischreiher vom Waldteich wird von einem schrecklichen Tier bedroht, das Yakari noch nie gesehen hat. Mit einem Schrei wacht Yakari auf. Der böse Traum lässt ihn nicht los.
Inzwischen dämmert der Morgen und ein Gewitter naht. Trotzdem holt Yakari Kleiner Donner von der Koppel und reitet los. „Ich muss wissen, was am Teich vor sich geht!", murmelt er.
Im Wald kreuzt eine aufgeregte Opossum-Mutter mit ihren Jungen ihren Weg. Sie rät: „Geh nicht weiter, da gibt es ein Monster! Es wird euch verschlingen!"
Yakari glaubt ihr nicht so recht. Da ertönt plötzlich ein schreckliches Knurren. „Was war das?", fragt Kleiner Donner. „Das Gewitter?"
„Nein, es ist ein Tier", antwortet Yakari. „Ein Tier, das ich nicht kenne."
Jetzt kommen auch die Waschbären angelaufen. „Hilfe, Yakari, am Teich ist ein neues Tier aufgetaucht – mit einem riesigen Maul. Es schluckt alles, was sich bewegt!"
„Das Tier aus meinem Traum. Los, Kleiner Donner, zum Teich!", ruft Yakari aufgeregt.

Dort angekommen, blickt er sich um. Gerade fliegt der Fischreiher auf einen abgestorbenen Baum am Ufer. Yakari springt von Kleiner Donner und will den Vogel rufen, als direkt neben ihm wieder das grässliche Knurren ertönt. Im nächsten Moment sieht sich Yakari einem riesigen Maul gegenüber. Erschrocken weicht er zurück. Vor ihm erhebt sich eine unvorstellbar große Echse, die den Vogel fangen will. In letzter Sekunde kann der Reiher auffliegen und das Tier fällt zurück ins Wasser.

Yakari und Kleiner Donner stehen fassungslos am Ufer. „Ich habe noch nie eine solche Kreatur getroffen", stottert Yakari. Doch seine Neugier ist stärker als die Angst. Nachdenklich betrachtet Yakari den Teich. „Wie ist dieses Tier nur hierhin gekommen?" Da springt die seltsame Echse erneut aus dem Wasser und reißt ihr Maul auf.

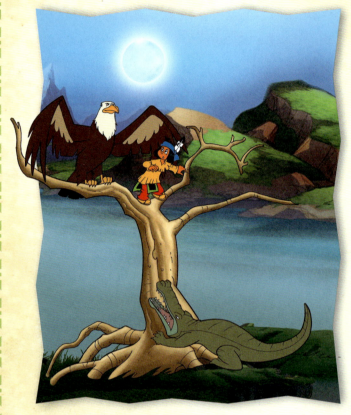

Kleiner Donner wiehert: „Steig auf, Yakari! Lass uns verschwinden!" Aber die Riesenechse schiebt sich zwischen die beiden. Yakari ruft Kleiner Donner mutig zu: „Los, hole Hilfe, ich komme hier schon solange zurecht."

Mit diesen Worten klettert er schnell auf den abgestorbenen Baum. Kleiner Donner rennt los. Die Echse nähert sich Yakari bedrohlich. „Beruhige dich, große Eidechse!", sagt Yakari. „Ich spreche deine Sprache." Aber die Echse knurrt nur gefährlich und versucht, den Baum zu erklimmen. Da erscheint in einem hellen Licht Großer Adler, Yakaris Beschützer. Yakari fragt: „Großer Adler, was ist das nur für ein Tier? Es macht mir Angst."
Sein Totem erklärt: „Es ist wie du, Yakari. Es hat auch Angst und das macht es gefährlich. Du hast es schon richtig geahnt – hier ist nicht seine natürliche Umgebung. Eine große Überschwemmung hat es hierher abgetrieben. Als das Wasser zurückgewichen ist, war ihm der Rückweg abgeschnitten. Es ist gefangen in einem viel zu kleinen Teich."
„Wie kann es wieder zu seinesgleichen finden?", will Yakari wissen.
Großer Adler antwortet geheimnisvoll: „Aus dem Wasser ist die Gefahr gekommen, mit dem Wasser wird sie auch wieder verschwinden." Dann fliegt er davon.
Yakari überlegt. „Ich muss einen Wasserweg finden, der dich wieder nach Hause bringt. Du musst aber mitmachen und mir folgen", sagt er entschlossen zu der Echse.

In der Zwischenzeit ist Regenbogen in den Wald gekommen, um Yakari vor dem Gewitter nach Hause zu holen. Zur Sicherheit hat sie sich mit einem dicken Ast bewaffnet. Da springen plötzlich die beiden Waschbären um sie herum und sie hört ein vertrautes Schnauben – es ist Kleiner Donner. Das Pony stupst sie mit der Nase an und bedeutet ihr, aufzusteigen. Regenbogen begreift sofort: „Ist Yakari in Gefahr? Dann los!"

Die Waschbären folgen ihnen. Bald entdecken sie Yakari, der der riesigen Echse zuruft: „Folge mir, dieser Teich ist viel zu klein für dich!" Rasch läuft er los, die Echse hinterher. „Dieser Schuppenberg ist ja schneller als ein Pony!", erkennt Regenbogen entsetzt. Sofort galoppiert Kleiner Donner zu Yakari. Der Junge versucht, sich hinaufzuschwingen, aber er stolpert. Zum Glück lenkt ein Steinwurf von Regenbogen die gefährliche Echse ab. Jetzt wirbeln auch noch die beiden Waschbären vor ihrem Maul herum. Wütend brüllt die Echse auf und so kann Regenbogen den dicken Ast in ihr Maul hineinklemmen. Die Kinder springen auf Kleiner Donners Rücken und reiten los, bevor die Echse den Ast krachend zerkleinert. Aber bei einem Gewitterblitz steigt das Pony vor Schreck auf die Hinterbeine und Yakari rutscht herunter. Diesmal schleudert ein kräftiger Huftritt von Kleiner Donner die Echse ein gutes Stück zurück.

Während Kleiner Donner auf Yakaris Bitte hin Regenbogen in Sicherheit bringt, erreicht der kleine Sioux endlich den großen Fluss. Die Riesenechse kommt heran und gleitet schließlich ins Wasser, ohne Yakari zu beachten. Der ist erleichtert und ruft ihr nach: „Du wirst schnell deine Heimat erreichen!" Noch einmal reißt die Echse ihr Maul auf, aber diesmal ist es nur ein Abschiedsgruß.
„Uff!", seufzt Yakari. „Ich sage dir nicht Auf Wiedersehen, aber ich wünsche dir ein langes Leben, Echse mit den großen Zähnen."

SOMMER

Sonnenstrahlen locken Yakari schon früh am Morgen aus dem Bett. Im Sommer sind die Tage am längsten, denn am Abend geht die Sonne erst spät unter. Somit bleibt dem jungen Sioux viel Zeit für spannende Abenteuer. Wie wäre es mit einem Wettreiten, zusammen mit Regenbogen und Kleiner Dachs?

An besonders heißen Tagen hält sich Yakari gerne am Fluss auf. Hier kann er seine Freunde, die Biber, besuchen oder mit den Fischen schwimmen. Doch auch im Wald gibt es einiges zu entdecken. An den Sträuchern hängen köstliche Beeren. Außerdem wachsen dort viele Kräuter und Pflanzen, deren heilende Kräfte Indianerfrauen wie Schimmernde Zöpfe nutzen.

TREUER GEFÄHRTE

Für einen Indianer ist es sehr wichtig, dass sein Pferd ihm vertraut. Deshalb sind Yakari und Kleiner Donner ein tolles Gespann, ebenso wie Regenbogen und Großer Grauer. Wie sieht dein Traumpferd aus, mit dem du durch die Prärie reiten möchtest? Zeichne es auf! Damit es dir leichter fällt, kannst du zuerst die Linien von Kleiner Donner abpausen und dann dein Pony ausmalen.

STARKER BEERENTRANK

Oft ist Yakari im Wald unterwegs, um frische Beeren zu sammeln. Auch du kannst mit Früchten Leckeres zaubern, etwa diesen Beerentrank.
Für zwei Portionen brauchst du:
300 ml Milch
2 EL Naturjoghurt
100 g gemischte Beeren (wie Himbeeren, Blaubeeren und schwarze Johannisbeeren)

Lass dir nun von einem Erwachsenen helfen!
Gebt alle Zutaten in einen Mixer und püriert sie schaumig – fertig!
Damit der Trank etwas süßer schmeckt, kannst du noch 1 EL Ahornsirup untermischen.

Der kleine Ausreisser

Im Sommer ist Yakari am liebsten ganz früh unterwegs. Deshalb hat er schon im Morgengrauen Kleiner Donner von der Koppel geholt und reitet jetzt mit ihm durch den Wald. Es verspricht, wieder ein heißer Tag zu werden, aber noch steht der Frühnebel über den Wiesen. Kleiner Donner ist noch müde und beschwert sich: „Warum müssen wir so früh aufstehen, Yakari?"

Lachend antwortet der kleine Indianerjunge: „Du weißt genau, dass ich am liebsten am Morgen im Wald bin. Da machen wir immer die schönsten Begegnungen."

Da erstarrt Kleiner Donner plötzlich – ein wütendes Knurren ertönt. Direkt vor ihnen auf dem Waldweg steht ein großer, angriffslustiger Wolf. Vor Schreck wiehert das Pony und steigt auf die Hinterbeine. Yakari kann sich gerade noch in der Mähne festkrallen, bevor er hinunterfällt.

„Ganz ruhig, Kleiner Donner!", versucht er, seinen Freund zu beruhigen.

Unterdessen lenkt ein anderes Geräusch den Wolf ab – das Meckern einer Ziege. Er spitzt seine Ohren und folgt dem Laut sofort.
Yakari ist erstaunt: „Eine Ziege – hier im Wald? Die leben doch eigentlich bei der Schlucht?"
Kleiner Donner ist einfach nur erleichtert und atmet auf: „Danke, Ziege!"
Aber Yakari hat schnell die Lage erkannt: „Der Wolf wird die Ziege fressen, wenn wir ihr nicht helfen. Los, folgen wir ihm!"
Kleiner Donner ist skeptisch: „Ist dir lieber, dass er uns frisst?"
Trotzdem gehorcht er und verfolgt mit Yakari durch das dichte Buschwerk den Wolf und die Ziege.

Die ist gerade am Fluss angekommen und balanciert jetzt mitten auf dem prächtigen Biberstaudamm. Das gefällt dem Bibervater gar nicht. Er schimpft: „He, du, kommst du wohl da runter!" Doch die Ziege stapft einfach weiter über den Staudamm. Dabei fallen ein paar Äste heraus. Die Biber sind empört über die Zerstörung. „Bääääähhhh!" Genau vor der Nase des Bibervaters meckert die Ziege und wackelt mit ihrem Kopf. Der Biber erschrickt und fällt ins Wasser.
Wütend ruft er: „Du hast hier nichts zu suchen!" Hochnäsig hebt die Ziege ihren Kopf und springt ans andere Ufer.

„Wenn das so ist, dann gehe ich halt. Es gibt ja noch andere Tiere im Wald, vielleicht sind die netter." Damit setzt sie ihren Weg fort und hört nicht Yakaris Rufe, als der mit Kleiner Donner am gegenüberliegenden Ufer ankommt. Und sie sieht auch nicht den Schatten des Wolfes, der ihr immer noch folgt ...

Endlich hat Yakari eine Stelle gefunden, wo er auf dicken Steinen den Fluss überqueren kann und nähert sich der Ziege. „Hallo Ziege! Was machst du hier? Normalerweise lebst du doch bei der Schlucht, oder?", fragt er freundlich.
„Ach, ich hatte genug von meiner Herde – und von diesem störrischen Esel, unserem Anführer. Immer nur gehorchen – ich will frei sein, frei wie die Luft!", erklärt ihm die junge Ziege bockig.
„Ziegen sind nicht dazu gemacht, allein zu leben", antwortet Yakari.
Aber seine neue Bekanntschaft weiß es besser: „Ah ja? ... Ich schon!"
Yakari mahnt sie: „Es wäre besser, wenn du wieder nach Hause gehst, zu deinesgleichen."
„Niemals", lehnt die Ziege entschieden ab und läuft davon.
Yakari ruft ihr eindringlich hinterher: „Ein Wolf hat dich im Auge. Pass auf, dass er dich nicht zwischen die Zähne kriegt!"
Die Ziege antwortet spöttisch: „Ein Wolf? Von diesem Tier habe ich noch nie etwas gehört. Und außerdem habe ich meine Hörner, um mich zu verteidigen." Und sie läuft weiter in den Wald hinein. Yakari seufzt entmutigt.
Trotzdem folgt er der Ziege – genauso wie der Wolf am anderen Ufer, der sie die ganze Zeit beobachtet hat.

Weiter unten am Fluss trifft die Ziege auf zwei Fischotter, die fröhlich im Wasser herumtollen. Begeistert möchte sie mit ihnen schwimmen gehen. Von Stein zu Stein springt sie auf die Otter zu, aber die erschrecken fürchterlich und huschen schnell ins Wasser. Da verliert die Ziege das Gleichgewicht und stürzt ebenfalls in den Fluss!
In ihrer Angst strampelt sie verzweifelt, um nicht zu ertrinken. Zum Glück ist Yakari herbeigeeilt und reicht ihr einen langen Ast. „Halt dich fest!", ruft er. Die Ziege ergreift mit den Zähnen den Ast und so kann Yakari sie aus dem Wasser ziehen.

Zitternd sagt sie: „Danke, ich habe wirklich Angst gehabt."
Yakari mahnt sie erneut: „Siehst du, hier ist es gefährlich für dich! So hätte dich der Wolf leicht kriegen können. Ich werde dich zu deiner Herde begleiten. Du hast selbst gesagt, dass du Angst hattest." Doch das hat die Ziege schnell vergessen. „Das habe ich nie gesagt", meckert sie störrisch und läuft schon wieder davon.
Yakari hat keine Wahl und folgt ihr weiter – wie der Wolf, den er gut am anderen Flussufer erkennen kann. Die Ziege hält das Ganze wohl für ein Spiel, denn als sie jetzt durch den Wald auf das Lager der Sioux zuläuft, ruft sie immer wieder fröhlich Yakari zu: „Du kriegst mich nicht."
So wild springt sie herum, dass sie sogar Yakaris Tipi zum Einsturz bringt, bevor der Indianerjunge sie endlich einfangen kann.
Dann bringt er sie schließlich auf die eingezäunte Koppel zu Kleiner Donner. „Hier bist du in Sicherheit", erklärt er der Ziege. Und zu Kleiner Donner sagt er: „Ich vertraue sie dir an. Nur so lange, bis ich den Wolf aus dem Wald vertrieben habe."

Im Wald folgt Yakari den frischen Wolfsspuren. Das Gehölz wird immer dichter und es liegt eine beängstigende Stille in der Luft. Plötzlich hört Yakari ein Knacken hinter sich und erstarrt. Aber schon im nächsten Moment atmet er erleichtert auf: „Kleiner Donner, du bist es! Was ist passiert?" Rasch geht er zu seinem Pony, das sehr besorgt ist: „Yakari, die Ziege ist geflüchtet. Sie ist einfach über den Zaun gesprungen!"
Yakari kann es nicht glauben. „Die ist unbelehrbar. Wir müssen sie finden, bevor der Wolf sie findet!"
Immer wieder ruft er die Ziege, während er auf Kleiner Donner durch den Wald streift. Aber die ist sich keiner Gefahr bewusst und glaubt sich immer noch in einem Spiel. Sie antwortet Yakari sogar auf sein Rufen, während sie zwischen Büschen und Felsen munter hin und her springt: „Hierher, fang mich, wenn du kannst!"
Den Wolf, der ihr inzwischen bis auf wenige Meter näher gekommen ist, sieht sie nicht.
„Die macht mich verrückt", schimpft Yakari, als sie auf einer Waldlichtung ankommen, wo die Biber gerade fleißig Bäume fällen. Ihr Anblick bringt Yakari auf eine Idee, während die Ziege zum Flussufer läuft.

Dort verstecken sich wenig später Yakari und Kleiner Donner hinter einem Felsen. Dann gibt Yakari den Bibern ein Zeichen. „He, Ziege!", ruft der kleine Biber Lindenbaum laut. Hinter ihm stehen auf einem großen Stapel gefällter Baumstämme zwei erwachsene Biber. Auch sie rufen: „Ziege, komm schnell, wir wollen mit dir spielen!" Tatsächlich springt die Ziege zu den Bibern auf den Stapel – aber

64

auch der Wolf nähert sich aus der entgegengesetzten Richtung. Knurrend ist er zum Angriff bereit.

„Lasst die Stämme rollen!", ruft Yakari – und schon poltern die schweren Hölzer genau auf den Wolf zu. Er stürzt und bleibt inmitten des Holzes liegen. Die Ziege bringt sich mit einem Sprung in Sicherheit.

„Die Ziege ist mein Freund. Ich verbiete dir, ihr etwas anzutun", sagt Yakari streng zu dem Wolf.

Beschämt schleicht dieser davon. Nach diesem Schreck hat auch die Ziege eingesehen, dass es für sie besser ist, zu ihrer Herde zurückzukehren.

Yakari und Kleiner Donner begleiten sie zur Schlucht. Alle Ziegen der Herde begrüßen sie erleichtert. Sie haben sich Sorgen gemacht und sind jetzt umso neugieriger, von ihrem Abenteuer zu hören. Yakari und Kleiner Donner winken der kleinen Ziege noch einmal zu, bevor sie ins Lager zurückreiten.

„Was den Wolf angeht, weiß ich es nicht genau, aber die Ziege hast du gut aus dem Wald vertrieben. Die wird so schnell nicht wieder einen Huf hierhersetzen", meint Kleiner Donner lachend. Da kann Yakari nur fröhlich mit einstimmen.

Honigfalle für Honigtau

Als Yakari auf Kleiner Donner durch den Wald reitet, machen die beiden eine Entdeckung. Am Fluss versucht der junge Bär Honigtau gerade, Fische zu fangen. Immer wieder greifen seine Pranken zu, doch stets verfehlen sie die flinken Tiere. Da! Endlich hat Honigtau etwas im Wasser erwischt. Leider ist es nur ein Stein.
„Armer, kleiner Honigtau!", seufzt Yakari. „Sein Fischzug verläuft anscheinend nicht so ganz nach Plan."
„Und seine Mutter lässt ihn dabei nicht aus den Augen", stellt Kleiner Donner fest. Tatsächlich! Nicht weit entfernt steht die Bärin im Schutze eines Baumes und beobachtet ihren Sohn, als wollte sie ihm nachspionieren.
„Komm, Kleiner Donner!", meint Yakari. „Muntern wir den kleinen Pech-Angler mal auf."

Honigtau freut sich sehr, die beiden zu sehen. Außerdem hat er Neuigkeiten zu erzählen. Von nun an gehen er und seine Mutter getrennte Wege. „Ich bin jetzt groß und da brauche ich ihre Hilfe nicht mehr", sagt Honigtau. Ihn nervt das ständige Geknuddel. Seine Mutter behandelt ihn,

als ob er noch ein Baby wäre. „Es wird Zeit, dass ich auf meinen eigenen Tatzen stehe", verkündet der junge Bär.
Er hat seinen Mut zusammengenommen und ist alleine losgezogen. „Mama war einverstanden und macht sich keine Sorgen."
Das bezweifelt Yakari. Warum sonst versteckt sich die Bärin ganz in der Nähe? Bestimmt fällt es ihr sehr schwer, nicht bei ihrem Kind zu sein. Der Indianerjunge beschließt, auf Honigtau aufzupassen. Mit geschickten Fingern fängt er einen Fisch und wirft ihn dem jungen Bären zu.
Da zischt ein Pfeil durch die Luft. Haarscharf saust er an Honigtau vorbei. Yakari versteht die Lage sofort. Jäger haben es auf den Bären abgesehen.
„Hier am Ufer haben wir überhaupt keine Deckung", ruft Yakari. „Schnell weg!"
Eilig bringen sie sich in Sicherheit. Das ist gerade noch einmal gut gegangen.
„Solange sich die Jäger hier herumtreiben, bist du in großer Gefahr, Honigtau", redet Yakari auf seinen Freund ein. „Du musst wieder zu deiner Mutter zurückgehen."

Doch der Bär denkt gar nicht daran. Stolz zeigt er Yakari seine neue Höhle. Sogar eine Freundin hat er hier gefunden. „Die passt nachts auf mich auf, denn tagsüber schläft sie", erzählt Honigtau und stellt dem jungen Sioux eine Schleiereule vor.

Da hören sie ein Knacken. Alarmiert horcht Yakari auf. Ob das die Jäger sind? Doch Honigtau lacht nur und sagt: „Ach wo! Wenn es wo kracht, ist es meine Mama."

Die Bärin ist ihrem Jungen wirklich gefolgt. Das gefällt Honigtau gar nicht. Kann sie ihn nicht endlich in Ruhe lassen? Mit lauter Stimme lobt er deshalb die Schleiereule, wie geschickt und leise sie sich bewegen kann – ganz im Gegensatz zu seiner Mutter. Die Worte ihres Sohnes verletzen die Bärin sehr. „Dann sieh nur zu, wie du allein zurechtkommst", brummelt sie leise und zieht weiter.

Honigtau knurrt der Magen. Er muss dringend etwas essen. Bei einem Streifzug durch den Wald erspäht der kleine Bär einen Bienenstock. Vor den Augen von Yakari und Kleiner Donner klettert Honigtau auf einen Ast und robbt an seine Beute heran. „Wenn es ums Honigsuchen geht, bin ich der Größte", prahlt er. Jedoch verärgert er die Bienen. Sie stürzen sich auf Honigtau, der prompt vom Baum plumpst. Oh weh! Jagen muss der Bär wirklich noch lernen.

Hinter einem Busch versteckt haben die beiden Jäger alles beobachtet. Der Ältere, Großes Stachelschwein, überlegt: „Wir müssen dem Bärenjungen eine Falle stellen. Wir graben eine Grube und locken den Bären da hinein. Und zu der Grube legen wir eine Spur aus Honig. Dem Geruch kann er nicht widerstehen."

Doch zunächst müssen sie Yakari weglocken. Solange er auf den Bären achtgibt, können die Jäger nichts unternehmen.

Vor Honigtaus Höhle knistert inzwischen ein Lagerfeuer. Yakari hat Fische gefangen, die sie sich nun gemeinsam schmecken lassen. Honigtau lächelt glücklich. Zum ersten Mal isst er mit Freunden in seinem neuen Zuhause. Da verabschiedet sich die

Schleiereule. Wenn Yakari auf Honigtau aufpasst, kann sie in Ruhe jagen gehen. Kaum ist sie davongeflogen, knackt es laut im Gebüsch. Yakari springt auf. „Wir sehen nach, Kleiner Donner!", ruft er. „Wenn es wirklich ein Jäger ist, werde ich mit ihm reden." Auf seinem Pony galoppiert er los und entdeckt tatsächlich einen Indianer, dem er sogleich nachreitet.

Honigtau sitzt jetzt ganz alleine am Feuer. Nun sehnt er sich doch nach seiner Mutter. In diesem Moment weht ihm ein süßer Geruch in die Nase. Der Bär schnuppert. „Das ist doch … Ja! Das ist Honig!" Verzückt folgt er dem Duft. Bestimmt will ihm seine Mutter noch einen Leckerbissen bringen.

So passiert das Unglück: Honigtau stürzt in die Falle! Der kleine Bär ruft verzweifelt um Hilfe. „Ich will zu meiner Mama", jammert er. Wie gut, dass die Schleiereule nicht weit ist und seine Rufe hört!

Sie fliegt zu Yakari, der noch immer auf der Spur des Jägers ist.
„Yakari, du musst schnell kommen", sagt die Schleiereule. „Honigtau ist in eine Grube gefallen!" Der junge Sioux reagiert sofort. Er treibt Kleiner Donner an und folgt der Schleiereule, die sie zur Falle führt. Dort bindet der Jäger Kleiner Falke gerade die Beine von Honigtau mit einem Seil zusammen. Mit ihren scharfen Krallen greift die Schleiereule den Jäger an.

Unterdessen versucht Yakari, Honigtau in Sicherheit zu bringen. Kleiner Donner legt sich hin und Yakari bemüht sich nach Kräften, den gefesselten Bären auf den Ponyrücken zu setzen. Wenn Honigtau doch nur nicht so schwer wäre! In diesem Moment kann Kleiner Falke die Schleiereule abschütteln. Als er sie grob packt, eilt Kleiner Donner ihr zu Hilfe. Doch zu spät! Im Nu hat der Jäger seinen Bogen gespannt und richtet einen Pfeil auf Kleiner Donner, der erschrocken wiehert. Auch Jäger Großes Stachelschwein ist zurück und hat einen Pfeil im Anschlag. Dieser zielt direkt auf Honigtau.
„Lasst ihn in Ruhe!", ruft Yakari und stellt sich schützend vor den kleinen Bären. „Er ist ein Baby! Seit wann vergreifen sich große Jäger an Bärenjungen? Seid ihr etwa zu schwach für Beute in eurer Größe?"

„Wir sind nur zu zweit und suchen für den ganzen Stamm Nahrung", verteidigt sich Großes Stachelschwein.

„Wenn ihr den Kleinen da freilasst, zeige ich euch, wo ihr beiden noch eine viel größere Beute finden werdet", schlägt Yakari vor, doch dann gerät er ins Stottern. Wohin soll er die Jäger führen? Da kommt Rettung! Mit lautem Gebrüll rennt die Bärenmutter aus dem Wald. Sie packt die Jäger und schleudert sie ohne Mühe in die Büsche. Das ist den beiden zu viel. Ängstlich ergreifen Großes Stachelschwein und Kleiner Falke die Flucht.

Kaum hat Yakari Honigtau von den Fesseln befreit, wirft sich der kleine Bär in die Arme seiner Mutter. Wie froh er ist, dass er sie endlich wieder bei sich hat.

„Kennst du eigentlich schon meine Mama, Schleiereule?", wendet sich Honigtau schließlich an seine neue Freundin. „Sie ist superstark!" Noch nie war er stolzer auf seine Mutter. „Ich habe so ein Glück, so eine Mama zu haben."

Die Bärenmutter ist ganz gerührt. Übermütig bedankt sie sich bei der Schleiereule, dass sie auf Honigtau aufgepasst hat. Doch bei der Umarmung quetscht sie der Eule beinahe alle Federn.

„Bitte entschuldige", sagt die Bärin zerknirscht. „Das wollte ich nicht."

Auch Yakari verdient ein Dankeschön. Allerdings ist er nirgends mehr zu sehen. Wo steckt der kleine Sioux nur? Da! Yakari ist bereits auf dem Rückweg ins Indianerdorf.

„Wollen wir nicht auf Wiedersehen sagen?", fragt Kleiner Donner.

„Lassen wir die beiden lieber allein", erwidert Yakari und gesteht lachend: „Um ganz ehrlich zu sein, Kleiner Donner, ich habe schon Angst vor der Umarmung der Bärenmutter." Nun stimmt auch Kleiner Donner ins Gelächter ein. Wie recht Yakari hat. Die Kraft einer liebenden Bärenmutter sollte man niemals unterschätzen.

Der Lärm des Donnervogels

Es ist Abend geworden im Lager der Sioux. Im Schein der Lagerfeuer tanzen die Indianer zum Klang der Trommeln. Auch die Kinder sollen die heiligen Tänze und Lieder lernen. Yakaris Freund Kleiner Dachs gibt sich besonders viel Mühe, schließlich will er mal ein großer Krieger werden. Im Übereifer prallt er mit Müder Krieger zusammen, der in die falsche Richtung tanzt. Die Stammesbrüder lachen. „Etwas mehr Respekt bitte!", mahnt einer der Sioux. „Der Tanz ist eine heilige Handlung." Yakari und Regenbogen sind ganz begeistert bei der Sache und lenken auch Müder Krieger wieder auf den richtigen

Weg. Doch der große Indianer stößt erneut mit Kleiner Dachs zusammen. Schon wieder liegt Yakaris Freund am Boden und muss das Gelächter der anderen ertragen.

„Das ist ja nicht zum Aushalten", kichert Stiller Fels, der Stammesälteste. „Es ist an der Zeit, dass wir Alten euch zeigen, wie man richtig tanzt!", fährt er fort und begibt sich zusammen mit Buckliger Bison in den Kreis. „Das ist Rhythmus!", jubeln die anderen Indianer ihnen zu und klatschen. Nur Kleiner Dachs achtet nicht auf die alten Tänzer und schon liegt er nach einem scherzhaften Stupser von Stiller Fels wieder auf der Nase. Yakari will seinem Freund aufhelfen, aber Kleiner Dachs stößt ihn wütend weg und läuft davon.

In der Nacht werden die Sioux von einem unheimlichen Geräusch geweckt. Wie lauter Donner klingt es von dem großen Berg in der Prärie her.
„Das ist eine Trommel", meint Yakaris Vater Kühner Blick.
„Unmöglich!", erwidert ein Stammesbruder. „Eine Trommel könnte niemals so laut sein."
Erschrocken beobachten Yakari und die anderen Sioux, wie aufgeschreckte Vögel und Waldtiere in Scharen auf die Prärie hinaus flüchten. Auch sie fürchten sich vor dem bedrohlichen Geräusch.
„Das ist der Donnervogel", vermutet Der-der-alles-weiß.
„Wir haben ihn mit dem Tanz aufgeweckt.

Wenn das so ist, wären wir in seiner Hand. Mit einem Flügelschlag brächte er uns Regen, Sturm oder Donner her. Er ist unberechenbar!"

Aber Yakari ist nicht nur ein mutiger kleiner Sioux, sondern auch ein neugieriger. Entschlossen geht er zur Koppel, wo Kleiner Donner steht. Mit ihm zusammen will er herausfinden, was hinter dem unheilvollen Geräusch steckt.

Auf dem Weg zum Berg treffen die beiden unzählige Tiere. Sie alle flüchten vor dem Geräusch, das einfach nicht aufhören will. „Du solltest auch weglaufen, Yakari, schnell!", rät ihm die Bärin Honigmund, die ihr Junges in Sicherheit bringt.

„Yakari, wir sollten auch umdrehen", bittet Kleiner Donner. „Wir dürfen doch auch mal Angst haben."

„Aber wovor Angst?", erwidert Yakari und treibt Kleiner Donner an. Der gibt nach und seufzt wenig überzeugt: „Klar, ja, ja, es gibt keinen Grund, sich zu fürchten. Wir müssen erst wissen, was dahintersteckt, um dann Angst zu haben."

Yakari findet, dass die Tiere übertreiben, schließlich ist es doch nur ein Geräusch. Sogar die sonst so fröhlichen Flughörnchen wollen den Wald verlassen. „Das Leben hier ist unerträglich geworden. Niemand kann hier schlafen", klagen sie.

Yakari schüttelt den Kopf. „Geist des Waldes, Donnervogel, was auch immer – ich will es wissen! Wir dürfen nicht zulassen, dass dieser Krach die Tiere verjagt!"

Endlich sind sie am Fuß des hohen Berges angekommen. Noch immer ertönt das Geräusch. Yakari lauscht konzentriert. Er legt sogar sein Ohr an die Felswand. „Unmöglich – das klingt ja fast wie ein Herzschlag im Berg!" Eine Felsspalte lässt ihn aufmerksam werden.

„Warte hier auf mich, Kleiner Donner! Ich suche einen Durchgang", erklärt er seinem Pony.
Ein sehr langer, verschlungener Weg führt ihn bergauf. Schließlich kann er durch ein Loch wieder ans Licht krabbeln – und steht nun auf einem schmalen Grat über einem entsetzlich tiefen Abgrund. Durch die Felsspalte ruft er sein Pony: „Kleiner Donner, hier ist eine Schlucht. Lauf um den Berg herum und komm zu mir!"
Während sein treuer Gefährte losläuft, folgt Yakari dem schmalen Grat in der Richtung, aus der das Geräusch kommt. Immer wieder muss er kleine Abgründe überspringen. Als er um eine Kurve biegt, traut er seinen Augen nicht: Auf einem Felsvorsprung sitzt Kleiner Dachs mit einem Stock in der Hand. Und er hat die heilige Trommel mit dem Abbild des Donnervogels bei sich. Von hier kommt dieses grässliche Geräusch. Das Schlagen der Trommel hat sich durch das Echo der umliegenden Berge vervielfacht und ist so schrecklich laut geworden.
„Hör sofort auf mit dem Krach, Kleiner Dachs!", ruft Yakari. „Das Geräusch verbreitet überall Angst und Schrecken!"

„Was sagst du da?", fragt Kleiner Dachs erschrocken. Das hat er nicht gewusst und natürlich auch nicht gewollt. Da beginnt der schmale Grat unter Yakaris Füßen, gefährlich zu bröckeln. In letzter Sekunde kann Yakari sich auf den Felsvorsprung zu Kleiner Dachs retten. Aber weiter kommen sie von hier aus auch nicht. Der nächste Vorsprung ist zu weit entfernt. Und Kleiner Donner ist weit und breit nicht zu sehen. „Wie bist du überhaupt hierhergekommen?", will Yakari wissen.

Kleiner Dachs erzählt es ihm: „Ich war wütend auf euch alle, weil ihr mich so ausgelacht habt beim Tanzen. Da bin ich einfach in der Nacht abgehauen und habe die heilige Trommel mitgenommen." Beschämt senkt er den Kopf. „Ich wusste nicht, wohin mit meiner Wut", berichtet Yakaris Freund weiter. „Vor lauter Ärger habe ich die heilige Trommel in ein Gebüsch geworfen. Das hätte ich besser nicht getan, denn davon ist ein riesiger Elch, der dort geschlafen hat, aufgewacht. Die heilige Trommel hat sich in seinem Geweih verfangen, und bevor ich sie wieder holen konnte, ist der Elch natürlich vor Schreck geflüchtet. Durch den ganzen Wald habe ich ihn verfolgt und bin ihm, so schnell es ging, hinterhergelaufen. Fast hatte ich ihn eingeholt, als plötzlich ein großer Vogel herbeigeflogen kam und die Trommel aus dem Elchgeweih gegriffen hat. Er ist mit ihr davongeflogen. Ich dachte schon, jetzt sei alles verloren. Bis hier oben auf den Berg hinauf musste ich ihm folgen, bis er die Trommel endlich fallen gelassen hat." Noch jetzt ist Kleiner Dachs bei der Erinnerung außer Atem. Yakari hört seinem Bericht gespannt zu. „Es war furchtbar, Yakari", erklärt Kleiner Dachs seinem Freund weiter. „Immerhin hatte ich die heilige Trommel verloren. Ich wollte sie doch unbedingt zurückholen. Und dann saß ich hier fest, weil ich nicht zum nächsten Vorsprung klettern konnte. Deshalb habe ich getrommelt."

In diesem Moment schreckt ein anderes Geräusch die beiden Jungen auf. Der Felsen, auf dem sie sitzen, beginnt an einer Stelle abzubrechen. Schon droht Yakari in die Tiefe zu stürzen. Kleiner Dachs packt ihn mit einer Hand, aber das reicht nicht, um Yakari hochzuziehen. Mit der anderen Hand hält er die Trommel fest.
„Lass die Trommel los!", ruft Yakari. „Sonst stürzen wir beide ab. Unser Leben ist wertvoller als ein Gegenstand!" Als Kleiner Dachs nicht reagiert, löst Yakari selbst mit seiner freien Hand die Halteschlaufe der herabbaumelnden Trommel, und das Instrument fällt in die Tiefe. Jetzt kann Kleiner Dachs ihn hochziehen.
Da ist auch endlich Kleiner Donner. Er hat die Flughörnchen dabei, die ihm neugierig gefolgt sind. Sie haben ein Seil, mit dessen Hilfe sich die Jungen auf einen sicheren Felsgrat schwingen können.
Erleichtert über die glückliche Rettung machen sich alle auf den Heimweg.

Und die Trommel? Die ist weich im Gras am Fuße der Schlucht gelandet, wo sie der Biber Lindenbaum findet. Als Yakari und Kleiner Dachs auf dem Weg ins Indianerlager schon wieder das grollende Geräusch hören, muss Yakari lachen und sagt: „Kleiner Dachs, hörst du? Ich habe das Gefühl, die Trommel ist doch noch nicht ganz verloren."
Und die Biberfamilie hat derweil großen Spaß bei Lindenbaums Trommelkonzert, vor dem nun wirklich niemand Angst haben muss.

Das ungleiche Duell

„Als ich noch jung und rastlos war, da begegnete mir einmal ein Puma. Der war so groß wie ein Riese. Und er war so groß wie meine Angst."
Damit beginnt Stiller Fels eine Geschichte für Yakari und Kleiner Dachs.
„Doch ich wich ihm aus und traf ihn mit einem Stein. Zuerst lag der Puma da wie tot. Später wurde er nie mehr gesehen."
Da lacht Hastiges Eichhörnchen, ein junger Sioux, denn er glaubt die Geschichte nicht. Der junge Sioux meint, ein Dorfältester sollte nicht mit solchen Lügengeschichten prahlen.
„Sag, Hastiges Eichhörnchen", spricht Stiller Fels zu ihm, „wärst du bereit, deine Kräfte mit denen eines anderen Stammesmitglieds zu messen?"
„Ja!", antwortet Hastiges Eichhörnchen. „Das bin ich jederzeit. Wer ist denn der Jäger, der mich herausfordert?"
Da antwortet Stiller Fels: „Ich!"

Yakari und Kleiner Dachs erschrecken. Wie soll der steinalte Mann gegen den kräftigen, jungen Sioux gewinnen? Yakari möchte ihn noch davon abhalten, aber Stiller Fels beachtet ihn nicht weiter. Zu Hastiges Eichhörnchen sagt der Alte: „Siehst du den Baum da drüben, der voller reifer Früchte hängt? Mal sehen, wer am meisten davon erntet."
Hastiges Eichhörnchen ist einverstanden. Er brüstet sich noch, der beste Kletterer weit und breit zu sein.
Kleiner Dachs flüstert Yakari zu: „Ist Stiller Fels etwa verrückt geworden? Da kommt er doch nie hoch!"
„Oder er bricht sich alle Knochen", flüstert Yakari zurück.

Inzwischen gehen die Männer zu dem Pflaumenbaum. Kleiner Dachs und Yakari wollen um nichts in der Welt verpassen, was passiert. Während Hastiges Eichhörnchen seinem Namen alle Ehre macht und flink auf den Baum klettert, setzt sich Stiller Fels einfach darunter und tut nichts.
„Was macht er da?", fragt Kleiner Dachs.
„Psst!", macht Yakari. „Lass ihn! Er muss sich konzentrieren."
Aber Kleiner Dachs meint: „Das Alter verwirrt seinen Geist."
Hastiges Eichhörnchen pflückt eine Frucht nach der anderen und legt sie in seine Umhängetasche. Dabei zittern die Äste und viele reife Pflaumen fallen hinunter auf die Erde. Als der junge Jäger seinen Beutel gefüllt hat, klettert er vom Baum und sagt zu Stiller Fels: „So, dies ist meine Ernte!". Stolz zeigt er seine gefüllte Tasche. Dann staunt er: „Stiller Fels! Du sitzt hier einfach so?"
„Ja, ich sitze hier in meiner Ernte", antwortet Stiller Fels, der in einem Riesenberg Pflaumen sitzt.
Wütend wirft Hastiges Eichhörnchen seine Tasche auf den Boden.
„Ja", sagt Stiller Fels. „Nur ein reifer und erfahrener Mann erkennt die reife Frucht, die bald vom Baum fällt."
„Du hast gewonnen, Stiller Fels!", freuen sich Yakari und Kleiner Dachs.
„Ja", brummt Hastiges Eichhörnchen. „Du hast gewonnen. Aber ein guter Jäger sitzt nicht nur einfach da und wartet, bis ihm die Früchte in den Schoß fallen."

Yakari und Kleiner Dachs können gar nicht mehr aufhören zu kichern. Doch da sagt Stiller Fels: „Du sprichst die Wahrheit, Hastiges Eichhörnchen. Schließlich kann man das, was ein Mann kann, nicht nur an einer Prüfung sehen. Ich fordere dich also ein weiteres Mal heraus."

Wieder willigt Hastiges Eichhörnchen ein, aber er fügt hinzu: „Überlege dir etwas für einen großen Jäger."
„Stiller Fels, warum lässt du dir das nur alles von diesem Angeber bieten?", fragt Yakari den Stammesältesten. Doch bevor der antworten kann, will Hastiges Eichhörnchen wissen, was die nächste Prüfung ist.

„Das Fischen ist das Erste", erklärt Stiller Fels, „Bogenschießen danach und das Aus-
bilden eines Mustangs natürlich."
Der junge Jäger antwortet aufgeblasen: „Na gut, wir sehen uns am Fluss."
Yakari fragt Stiller Fels, was er vorhat, denn er hat ihn noch nie beim Bogenschießen
oder beim Reiten gesehen.
„Weil er so dringend gewinnen muss, soll er nicht enttäuscht werden", sagt der alte Mann.
„Denkst du, in meinem Alter muss man sich noch etwas beweisen, Yakari? Er muss das
schon. Und nun, da er fischen gegangen ist, habe ich endlich Zeit, die köstlichen Pflaumen
zu genießen."
Also bleibt Stiller Fels neben seiner „Ernte" unter dem Baum sitzen und isst.

Yakari und Kleiner Dachs beschließen, den Angeber Hastiges Eichhörnchen ein bisschen
zu ärgern. Und Yakari hat auch schon einen Plan. Familie Biber ist immer zu einem Spaß
bereit und hilft ihm. Blitzschnell fangen die Biber eine Menge Fische. Die legt Yakari ganz
leise und heimlich in die Tasche von Stiller Fels.
Der ist mit vollem Bauch eingeschlafen. Als Hastiges Eichhörnchen vom Fischen zurückkommt, sagt er: „Ich habe sieben Fische gefangen. Gib zu, dass du verloren hast."
„Eine wahre Meisterleistung", lobt ihn Stiller Fels. „So viel Glück hatte ich nicht."
Doch als er die Tasche ausleert, fallen zu seiner Verwunderung vierzehn Fische heraus.
„Was, so viele Fische?", fragt der junge Jäger entsetzt. „Du hast schon
wieder gewonnen!"

Nun geht's ans Bogenschießen. Hastiges Eichhörnchen beginnt. Er
sucht einen Baumstumpf aus. Wer genau in die Mitte trifft, hat
gewonnen. Der Pfeil von Hastiges Eichhörnchen trifft haargenau.
Danach reicht er Stiller Fels seinen Bogen.
„Es ist recht lange her, dass ich eine solche Waffe in den
Händen hielt", sagt Stiller Fels und zittert mit Pfeil
und Bogen herum, dass es Hastiges Eichhörnchen angst
und bange wird. Vorsichtshalber versteckt er sich
hinter einem dicken Baumstamm.

Von dem Baumstamm hinter Stiller Fels spannt derweil auch Kleiner Dachs seinen Bogen. Als Stiller Fels seinen Pfeil loszischen lässt, verschwindet der im Nirgendwo, doch der Pfeil von Kleiner Dachs, der gleichzeitig geschossen hat, trifft genau und spaltet sogar den Pfeil von Hastiges Eichhörnchen. Stiller Fels kann es nicht fassen. Und wer kann es noch weniger fassen? Genau! Hastiges Eichhörnchen.

Schließlich hofft der junge Sioux, wenigstens bei der letzten Prüfung zu gewinnen: bei der Mustang-Dressur. Welch ein Glück, dass Yakari mit den Tieren reden kann! Denn er spricht mit einem der Mustangs ab, dass dieser Stiller Fels auf keinen Fall abwerfen soll. „Ich werfe deinen Freund nicht ab, Yakari. Das verspreche ich dir", sagt das starke Pferd. Doch als Hastiges Eichhörnchen auf den dunkelgrauen, schönen Hengst springt, erlebt er einen wahren Höllenritt. Der Mustang stoppt plötzlich und Hastiges Eichhörnchen fliegt in hohem Bogen von seinem Rücken.
Dann versucht Stiller Fels sein Glück und klettert mühsam auf das Pferd. Prompt ist der Mustang seelenruhig und frisst Gras. So hat er es Yakari nämlich versprochen.
Da lacht Stiller Fels und sagt: „Na so was! Dieser Mustang ist ja schon so zahm wie ein Schaukelpferd."
„Du hast schon wieder gewonnen!", jubelt Yakari, doch Stiller Fels hat ihn durchschaut.
„Ich habe den Verdacht, Freunde haben mir sehr geholfen. Nicht wahr, Yakari? Freunde, die einiges vom Fischefangen, vom Bogenschießen und auch von Pferden verstehen."
Da wird Yakari verlegen und gesteht: „Ja, aber so ein Angeber durfte einfach nicht gegen dich gewinnen!"

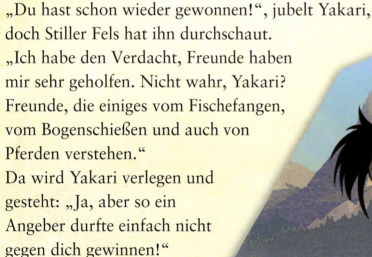

Doch Stiller Fels mahnt: „Ist es denn an dir, zu entscheiden? Es gab einen sehr guten Grund, Hastiges Eichhörnchen gewinnen zu lassen! Die Älteren müssen den Jüngeren zur Seite stehen, sodass sie Selbstvertrauen und Zuversicht gewinnen."

Da kommt Hastiges Eichhörnchen. „Du bist der Bessere von uns, Stiller Fels", gibt der junge Sioux zu.

Stiller Fels nickt und erwidert: „Ich habe ja auch viel, viel Erfahrung und vor allem gute Freunde. Du hast aber gezeigt, wie viel Mut und Ausdauer du besitzt, und du wirst bald ein großer Jäger sein."

„Hastiges Eichhörnchen", antwortet Yakari „kannst du mir vielleicht beibringen, so gut zu fischen wie du?"

Hastiges Eichhörnchen geht in die Knie und sieht Yakari direkt in die Augen.

„Ja", antwortet er freundlich, „das würde mich sehr freuen. Komm mit mir zum Fluss, Yakari!"

Als sie sich zu Stiller Fels umdrehen, schläft dieser friedlich an einem Baumstamm. Es war ja auch ein anstrengender Tag für den alten Mann. Und Hastiges Eichhörnchen weiß nun: Es gibt immer einen, der besser ist. Aber ein guter Freund erwärmt das Herz mehr als jeder Sieg der Welt.

 Die Bärenkralle

Wer wünscht sich nicht einmal, etwas ganz Besonderes zu haben? Etwas, was sonst keiner hat, wie einen Talisman. Das ist ein Gegenstand, der einem Glück bringt und einen beschützt. Einen solchen Talisman hat Kühner Rabe, ein junger Sioux. Es ist eine Bärenkralle von einem Bären, den er selbst erlegt hat. Er trägt sie an einem Lederband um den Hals. Kühner Rabe glaubt fest daran, dass die Bärenkralle ihm auch Kraft und Mut verleiht. Sein bester Freund Stolze Wolke ist ein wenig neidisch und möchte diese Bärenkralle auch gerne haben. Kühner Rabe glaubt jedoch, dass man sich einen Talisman selbst verdienen muss. Aber sein neidischer Freund möchte das nicht wahrhaben und beginnt einen Streit. Schließlich versucht Kühner Rabe, wieder Frieden zu stiften, und reicht Stolze Wolke die Hand zur Versöhnung. Doch der ist so wütend, dass er sagt: „Ich habe keinen Freund mehr und einen Bären kann ich mir selbst schießen." Damit schwingt er sich auf seinen grauen Mustang und reitet aus dem Dorf. Dabei ruft er seinen Stammesbrüdern noch zu: „Und einen Stamm habe ich auch nicht mehr!" Dann ist er verschwunden.

Alle sind traurig, dass Stolze Wolke aus Wut weggegangen ist. Yakari ist am meisten darüber erschrocken, dass Stolze Wolke einen Bären schießen möchte. Denn Jäger des Stammes der Sioux töten Tiere nur, wenn sie das Fleisch zum Überleben brauchen. Außerdem verwenden sie alles von einem Tier und reißen ihm nicht nur die Krallen aus, um einen Talisman zu bekommen. Yakari fragt Der-der-alles-weiß um Rat. Aber selbst der kann ihm nicht helfen. Doch der Schamane erklärt ihm alles über Talismane. Dann reitet Yakari mit Kleiner Donner hinter Stolze Wolke her.

Sie treffen den jungen Jäger dabei, als er gerade niederkniet und den Großen Geist anruft: „Großer Geist, Großer Geist, bitte hilf mir! Ich brauche auch einen solchen Bärenkrallen-Talisman! Führe mich zu solch einem Ungeheuer!" Er wartet eine Weile, dann ruft er zornig: „Warum antwortest du nicht, Großer Geist?"
„Ich kann dir sagen, warum!", antwortet Yakari.
„Du schon wieder!", seufzt Stolze Wolke.
Yakari erklärt unbeirrt: „Der Große Geist kann dir keinen Talisman schenken. Er wird dich auch nicht zu ihm führen. So wirst du nicht finden, was du gerne hättest."
„Was weiß denn ein Grünschnabel schon von solchen Dingen?", sagt der Jäger gereizt. „Was ich möchte, ist diese Bärenkralle. Und wenn mir der Große Geist nicht helfen möchte, töte ich den ersten Bären, der mir über den Weg läuft."
„Nein, dazu hast du kein Recht!", warnt ihn Yakari. „Ein wahrer Jäger tötet nie aus Rache."
Doch Stolze Wolke spottet: „Versuch doch, mich daran zu hindern, du Zwerg!"
Lachend reitet er davon.

Auf keinen Fall möchte Yakari zulassen, dass sein Stammesbruder einen Bären tötet. Er verliert keine Zeit und verfolgt Stolze Wolke. Kleiner Donner galoppiert, so schnell er kann, und bald sehen sie den grauen Mustang über eine breite Schlucht springen. Er schafft es nur knapp.
Stolze Wolke dreht sich um und brummt: „Er ist sehr mutig. Aber die Schlucht wird ihn schon aufhalten." Da zieht Yakari auch schon an Kleiner Donners Mähne, um ihn zu

stoppen. Aber sein Pony hält nicht an, sondern sagt: „Hast du kein Vertrauen, Yakari?", und springt über die Schlucht. Yakari entfährt ein Angstschrei. Doch für Kleiner Donner ist der Sprung kein Problem. Sicher landet er auf der anderen Seite. „Unglaublich!", findet Stolze Wolke, der von Weitem zugesehen hat. „Er ist tatsächlich gesprungen."
„Auf zur Bärenspitze!", ruft Yakari Kleiner Donner zu und tätschelt stolz dessen Kopf. Er ist sich sicher, dass Stolze Wolke zur Bärenspitze reiten will. Das ist ein Berg, dessen Spitze wie ein Bärenkopf aussieht.

Der Jäger ahnt nicht, dass sein Verfolger weiß, wohin er möchte. Er denkt, er hätte Yakari und Kleiner Donner abgehängt. Doch die beiden haben nur einen anderen Weg zur Bärenspitze genommen und warten hinter einem Felsen versteckt auf Stolze Wolke. Verblüfft sieht der Jäger den Jungen und sein Pony an.
„Mein Pony kann alles!", behauptet Yakari stolz.

„Ach ja? Dann kann es mir gleich mal hinterherklettern", spottet Stolze Wolke und steigt die Bärenspitze hinauf. Mit Hufen kann man leider nicht klettern. Auch für Yakari ist es eigentlich zu gefährlich. „Lass uns einen anderen Weg suchen!", bittet ihn Kleiner Donner. Aber sie dürfen jetzt keine Zeit verlieren. Deshalb klettert Yakari mutig hinterher. Anfangs klappt es auch ganz gut. Aber dann verliert er den Halt und stürzt in die Tiefe. Zum Glück federt ein großer Busch seinen Sturz ab und ihm passiert nichts. Stolze Wolke kommt angelaufen und meint verächtlich: „Ohne dein Pony stehst du dumm da." Dann geht er weiter.

Vor Yakari tauchen plötzlich zwei gute Freunde auf: die Bärenkinder Honigmäulchen und Zuckerschnäuzchen. „Was macht ihr denn hier?", fragt Yakari.
„Das hier ist doch die Bärenspitze und wir sind Bären", kichern die beiden.
Nun erzählen sie Yakari, dass ihre Mama Beeren pflückt. Sofort erkennt Yakari,

dass die Bärin in großer Gefahr schwebt. Also führen die Bärenzwillinge ihn schnell zu ihrer Mutter.

Stolze Wolke ist ein guter Spurenleser und hat die Fährte der Bärin schon aufgenommen. Mit gespanntem Bogen folgt er der Spur. Kurz darauf hat er die Bärenmutter gefunden. Als Yakari und die Bärenkinder dazukommen, zielt er schon auf sie.

„Nein, nein, lass das!", schreit Yakari und stellt sich zwischen die Bärin und den Pfeil.

„Hau ab, Yakari! Ich möchte meinen Talisman." So stehen sich die beiden Auge in Auge gegenüber. Dabei merken sie nicht, dass ihr Geschrei noch jemand anderen angelockt hat: einen hungrigen Puma. Knurrend macht der sich zum Sprung bereit. „Jetzt hole ich mir diese Bärenkralle", droht Stolze Wolke und spannt seinen Bogen noch fester.

„Da sind zwei Bärenjunge, Stolze Wolke", versucht es Yakari noch einmal. „Kein großer Jäger würde ihre Mutter erschießen. Hör auf dein Herz!" Und tatsächlich senkt Stolze Wolke seinen Bogen. Yakari atmet auf und die Bären verschwinden hinter den Beerensträuchern.

„So sei es", sagt Stolze Wolke geknickt. Doch jetzt springt der Puma fauchend auf Yakari zu. „Pass auf!", warnt Stolze Wolke Yakari noch. Doch da hat ihn der Puma schon umgeworfen. Gleich beißt er zu.

„Nein!", schreit Yakari. Es nützt nichts. Der Puma fährt seine

Krallen aus, faucht und dann – trifft ihn der Pfeil von Stolze Wolke mitten ins Herz. Der Puma fällt leblos auf den Boden.

„Alles in Ordnung?", fragt Stolze Wolke Yakari.

„Danke, Stolze Wolke!", antwortet der kleine Sioux. „Nur ein wirklich guter Jäger kann so super zielen."

„Du hast recht. Der Große Geist hat mich endlich erhört", sagt Stolze Wolke lächelnd.

Im Dorf der Sioux ist jeder froh, dass Stolze Wolke doch noch zurückgekommen ist. Und Stolze Wolke ist besonders stolz auf seinen neuen Talisman. Denn an seinem Hals baumeln nun vier prachtvolle Pumakrallen an einem Lederband. Kühner Rabe sagt: „Diese Pumakrallen sind ein wundervoller Talisman. Du hast sehr mutig gehandelt. Wir haben alle großen Respekt. Wie schön, dass mein Freund wieder da ist!" Kühner Rabe streckt Stolze Wolke die Hand entgegen. Dieses Mal nimmt sie der Jäger zur Versöhnung.

„Du hast unseren Sohn gerettet!", sagt Schimmernde Zöpfe. „Wie können wir dir nur danken, Stolze Wolke? Wir stehen tief in deiner Schuld."

„Das stimmt nicht", erwidert Stolze Wolke. „Yakari hat heute mehr für mich getan, als ich für ihn getan habe. Sein Mut und sein gutes Herz haben mich viel gelehrt." Und damit hat er recht, denn was nützen einem jungen Jäger sein Mut und sein Können, wenn ihm sein Herz nicht sagt, wie er sie einsetzen soll?

DIE SIEBEN FEUER

Im Lager der Sioux herrscht gespannte Aufregung. Die Männer schichten einen großen Haufen Feuerholz auf. In Yakaris Tipi sitzen der kleine Sioux und seine Freunde Regenbogen und Kleiner Dachs beisammen und schnitzen eifrig Holzfiguren. Da kommt Stiller Fels mit einer zusammengerollten Lederhaut unter dem Arm herein und will wissen: „Habt ihr eure Totems fertig geschnitzt?" Stolz streckt ihm Yakari seinen Adler entgegen, ebenso Regenbogen ihr Kaninchen und Kleiner Dachs seinen Bison.

Sorgsam breitet Stiller Fels die Lederhaut auf dem Boden aus. Darauf ist ein Spielplan mit sieben Feuern gezeichnet. „Legt die Totems auf das Startfeld!", erklärt Stiller Fels. „Wir werden ein großes Rennen zu Pferde machen, das Rennen der sieben Feuer. Darin messen sich die besten Jäger des Stammes. Ausnahmsweise dürft ihr kleinen Sioux dieses Mal teilnehmen."

„Wir sind nicht mehr so klein", wirft Yakari ein.

Stiller Fels schmunzelt: „Es wird trotzdem nicht einfach für euch, gegen so erfahrene Reiter wie Stolze Wolke und Kühner Rabe anzutreten. Ihr müsst ein Feuer nach dem anderen erreichen. Wer zuerst wieder zurück im Lager ist, hat gewonnen." Er deutet auf eine Zeichnung in der Mitte des Spielplans. „Hier ist der Berg Adlerspitze. Von dort aus werde ich das Rennen beobachten und die Spielfiguren voranziehen."

Die Kinder machen sich auf zu ihren Pferden. „Es gibt nur ein Pony, das schnell und klug genug ist, um zu gewinnen – Kleiner Donner", prahlt Yakari.

90

Regenbogen erwidert: „Denk gar nicht daran! Großer Grauer ist der Schnellste von allen!"
Kleiner Dachs weiß es noch besser: „Wartet, bis ihr mein neues Pony seht! Ich habe es Huf-aus-Feuer genannt." Auf der Koppel beobachten die Kinder die Pferde. Huf-aus-Feuer stampft und schnaubt heftig.
„Der sieht ein bisschen wild aus", meint Yakari zu Kleiner Dachs. „Warum nimmst du nicht dein eigenes Pferd?"
„Ja", stimmt Regenbogen zu. „Das Rennen wird schwierig. Wenn ich du wäre, würde ich ein folgsames Pony wählen."
Doch Kleiner Dachs bleibt stur. Er will unbedingt dieses Pferd zähmen und für das Rennen nehmen.

Endlich ist es so weit und die fünf Reiter stehen an der Startlinie. Kühner Blick ermutigt Yakari: „Viel Glück, mein Sohn!"
Yakari antwortet: „Ich werde gewinnen. Du wirst stolz auf mich sein, Vater."
Aber Kühner Blick meint besonnen: „Ich bin schon stolz auf dich. Was du gewinnen musst, ist der Respekt deines Pferdes.
Wenn du das schaffst, wirst du einmal ein großer Sioux werden."
Mit diesen Worten zündet er das Feuer an und das Rennen beginnt – außer für Kleiner Dachs. Huf-aus-Feuer bleibt einfach stehen und grast. Erst als ihm die wütenden Zurufe von Kleiner Dachs zu viel werden, galoppiert er so plötzlich los, dass der Junge herunterfällt und hinter seinem Pferd herlaufen muss.

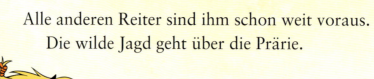

Alle anderen Reiter sind ihm schon weit voraus. Die wilde Jagd geht über die Prärie.

Kühner Rabe und Stolze Wolke übernehmen die Führung und auch Regenbogen auf Großer Grauer ist schnell unterwegs. Besorgt treibt Yakari Kleiner Donner an: „Schneller, wir müssen sie einholen!" Aber sein Pony weiß: „Das Rennen ist noch lang. Ich muss meine Kräfte schonen. Vertrau mir, Yakari! Ich will genauso gewinnen wie du!"

Knapp hintereinander erreichen die Reiter das zweite Feuer. Stiller Fels und einer der Stammesältesten beobachten sie von der Adlerspitze aus und schieben die vier Spielfiguren auf dem Spielfeld weiter. Die Bisonfigur von Kleiner Dachs ist noch nicht dabei. Huf-aus-Feuer geht lieber im Schritt, um dabei zu grasen …

Im dichten Wald, der einem verworrenen Labyrinth gleicht, ist mittlerweile der Abstand zwischen den Reitern größer geworden. Rauchwolken des dritten Feuers versperren die Sicht. „Ich sehe die anderen nicht mehr", meint Yakari unruhig.
„Keine Sorge! Wir müssen uns nur von dem Rauch führen lassen", erklärt ihm Kleiner Donner. So erreichen sie als Dritte hinter den Jägern das nächste Feuer. Yakari freut sich, dass sie Regenbogen abgehängt haben, aber die folgt jetzt auch dem Rauch und heftet sich mit Großer Grauer an die Fersen ihrer Freunde. Und Kleiner Dachs? Huf-aus-Feuer galoppiert plötzlich so wild über die Prärie, dass sich Kleiner Dachs ängstlich an der Mähne festklammert. Ob das gut geht?

Das vierte Feuer brennt in der kargen Felslandschaft der Schlucht. Stolze Wolke und Kühner Rabe reiten mühelos vorbei, und Großer Grauer mit Regenbogen hat nun wieder zu

Kleiner Donner und Yakari aufgeschlossen. „Bravo, du bist der König des Waldes, aber ich habe dich trotzdem eingeholt", meint Großer Grauer. Das lässt sich Kleiner Donner nicht gefallen und galoppiert noch schneller.
„Ich warte an der Ziellinie auf dich, haha!", ruft er lachend.
Von der Adlerspitze aus beobachten die Alten weiter das Rennen.

Wo ist Kleiner Dachs? Da – sein Pferd grast schon wieder. Als Kleiner Dachs wütend an dessen Schweif zieht, tritt es aus und befördert den Jungen ins Gebüsch. „Für Kleiner Dachs ist das Rennen wohl vorbei", lacht Stiller Fels und legt die Bisonfigur beiseite.
Die vier Reiter haben jetzt einen See erreicht. Am anderen Ufer brennt das fünfte Feuer. Kleiner Donner läuft zum Wasser und sagt: „Halt dich an meiner Mähne fest, Yakari! Wir nehmen eine Abkürzung!"
Beunruhigt fragt Yakari: „Du meinst – schwimmen?" Da ist Kleiner Donner auch schon im Wasser. Yakari ist gespannt, ob ihr Plan aufgeht. Doch als sie am anderen Ufer ankommen, galoppiert Regenbogen auf Großer Grauer schon an ihnen vorbei. Der Weg außen herum war doch schneller. „Tut mir leid, Yakari", entschuldigt sich Kleiner Donner. Yakari tröstet ihn: „Mach dir keine Sorgen! Diese Entscheidung haben wir zusammen getroffen. Und außerdem kenne ich hier eine Abkürzung, die uns direkt zum sechsten Feuer bringen wird." Zwar führt dieser Weg auf einem steinigen Pfad über einen Berg, sodass sie nur langsam vorankommen. Aber schon bald sehen sie unten im Tal das sechste Feuer und meistern den Abstieg in rasantem Tempo. Tatsächlich sind sie die Ersten vor den Jägern und Regenbogen.

Danach führt das Rennen wieder hinaus auf die Prärie. Hinter einer Hügelkuppe sieht Yakari den Rauch des siebten Feuers aufsteigen und wähnt sich schon am Ziel. Doch da bremst Kleiner Donner abrupt ab. Vor ihnen grast eine riesige Bisonherde und versperrt den Weg. Yakari weiß, dass man die Tiere nicht aufregen darf. Er springt ab und geht mit dem Pony langsam durch die Herde. Auch Kühner Rabe und Regenbogen wollen es so machen.

Aber Stolze Wolke galoppiert in vollem Tempo auf die Bisons zu und ruft: „Ich lasse mir nicht von einem Kind den Sieg wegnehmen!"

Erschrocken bemerkt Yakari: „Dieser Verrückte! Die Bisons werden uns zertrampeln!" Im letzten Moment springt er auf Kleiner Donner und entkommt der wütend losrennenden Herde. Stolze Wolke, Kühner Rabe und Regenbogen können sich zum Glück ebenfalls retten und reiten weiter hinter Yakari her.

Der hat am siebten Feuer angehalten, obwohl er einfach hätte ins Lager galoppieren und gewinnen können. Erstaunt fragt Großer Grauer bei Kleiner Donner nach. „Ich habe mir den Fuß verstaucht", erzählt das Pony. „Yakari wollte lieber das Rennen aufgeben, um mich zu schonen." Kühner Rabe ist froh, dass alle heil davongekommen sind, und beschließt: „Dieses Mal gibt es keinen einzelnen Gewinner. Wir werden gemeinsam das Siegesfeuer im Lager erreichen."

Dort werden die Reiter mit lauten Jubelrufen begrüßt. Kleiner Dachs hat ein blaues Auge. Yakari will wissen, was passiert ist. Sein Freund winkt verächtlich ab und deutet auf sein grasendes Pferd: „Er hat mich abgeworfen, um zu fressen. Magen-aus-Feuer wäre wohl ein besserer Name!"

Als Yakari später auf der Koppel das verletzte Bein von Kleiner Donner versorgt, sagt Großer Grauer zu ihm: „Wir Pferde sind sehr stolz auf dich, Yakari. Du hast auf den Sieg verzichtet, damit dein Pony nicht leidet."

„Kleiner Donner ist nicht mein Pony", erwidert Yakari und streichelt Kleiner Donner zärtlich über das Fell. „Er ist mein Freund."

Der Bison ohne Herde

An einem sonnigen Morgen reiten Regenbogen und Yakari um die Wette. Herrlich lauer Wind weht ihnen um die Nase. „Hüah!", treibt Regenbogen Großer Grauer an. Kleiner Donner will gerade überholen, als Yakari sein Pony abrupt bremst. Hinter einem Busch hat der junge Sioux etwas bemerkt. Da stürmt ihm ein Bison entgegen. Schnaubend baut er sich vor Yakari auf. Doch plötzlich bricht das Tier zusammen. „Geh nicht so dicht ran, Yakari!", warnt Regenbogen. „Das ist gefährlich!"

In der Haut des Bisons entdeckt Yakari einen Pfeil. „Du bist ja verletzt!", stellt er bestürzt fest. „Hab keine Angst! Wir zwei sind keine Jäger."
„Oh, und ich dachte, ihr gehört zu denen, die mich schon seit heute Morgen verfolgen", erwidert der Bison matt. „Ich bin am Ende meiner Kräfte."
Zum Glück ist Bisonhaut sehr dick. Der Pfeil ist nicht tief eingedrungen und Yakari kann ihn ohne Probleme herausziehen. Um die Wunde wird sich Regenbogen kümmern. Schließlich kennt sie sich sehr gut mit Pflanzen aus. „Aber vor allem müssen wir diese Jäger abschütteln", meint Yakari.

„Vielen Dank, Yakari", sagt der Bison. „Ich heiße Sandige Stirn."
Gemeinsam laufen sie weiter. Mit Zweigen wischen Yakari und Regenbogen dem Bison hinterher, damit keine Spur am Boden zurückbleibt. Doch da hören sie Mustangs und können sich gerade noch vor den finsteren Jägern verstecken.
Das war knapp! „Wir müssen einen Ort finden, an dem wir dich pflegen können", meint Yakari.

Endlich haben sie einen geeigneten Platz im Wald entdeckt. Es ist längst dunkel geworden und Sterne funkeln am Himmel. Während Yakari ein Lagerfeuer macht, versorgt Regenbogen die Wunde von Sandige Stirn. „Er muss sich jetzt erst mal richtig gut ausschlafen", sagt sie. „Aber er wird noch eine ganze Weile sehr geschwächt sein."
Da beginnt Sandige Stirn zu erzählen: „Vor ein paar Monden wurde meine Herde von einer Gruppe Jäger angegriffen. Wir wollten gerade in ein neues Gebiet ziehen. Bei dem Angriff wurde unser alter Späher Wilder Wind von ihnen getötet. Ich bin der Älteste und wurde darum ausgewählt, ihn zu ersetzen. Ich muss meine Herde, so schnell es geht, zu einem anderen Weidegrund führen, bevor die kleinen Bisons auf die Welt kommen."

Aber der Bison zweifelt, ob er genügend Kraft dazu hat. Yakari macht ihm Mut und sagt: „Zusammen werden wir es ganz bestimmt schaffen."

Am nächsten Morgen fühlt sich Sandige Stirn schon viel stärker. Regenbogen hat ein wahres Wunder vollbracht. Sie schwingt sich auf Großer Grauer und verabschiedet sich: „Ich werde dem Stamm sagen, dass du sobald wie möglich nach Hause kommst, Yakari! Viel Glück!"
Gemeinsam mit dem Bison will der junge Sioux den neuen Weidegrund für die Herde suchen. Leider ist Sandige Stirn sehr durcheinander. Er kann sich nicht erinnern, wie sie sicher zu den großen Ebenen mit dem saftigen Gras gelangen können.
Am Fluss erwartet sie das nächste Problem. „Hier ist das Wasser zu tief zum Überqueren", meint Yakari. „Wir müssen eine andere Stelle finden."
„Das kann den ganzen Tag dauern", stöhnt Kleiner Donner. Da fällt Sandige Stirn etwas ein. Sein Vorgänger Wilder Wind hatte Freunde, die ihm stets den sichersten Weg durch den Fluss gezeigt haben. „Redet da etwa jemand von dem alten Schlawiner Wilder Wind?", horcht ein Otter auf.
Natürlich sind er und seine Otterfreunde bereit, Yakari und Sandige Stirn zu helfen. „Freunde von Wilder Wind sind auch unsere Freunde", sagt einer. Jedoch wollen die

frechen Tierchen erst auf Kleiner Donner reiten. Nur widerwillig erträgt das Pony den Ausritt und ist froh, als die übermütigen Otter wieder absteigen. Ihnen war das Abenteuer jedoch viel zu kurz. Yakari wird ungeduldig. Wenn die Otter weiterhin ihre Späße treiben, gelangen er und der Bison niemals auf die andere Seite des Flusses. Die Zeit drängt. Sie müssen unbedingt die großen Ebenen finden, damit die Bisonherde dort bald ein neues Zuhause hat.

Da sagt Sandige Stirn: „Tröstet euch, Otter! Wenn ich zurückkomme, dürft ihr auf meinem Rücken reiten."
Nach diesem Versprechen verraten die Otter endlich die Stelle, an der sie den Fluss sicher überqueren können.

Kaum haben sie den Marsch hinter sich, sieht sich der Bison zweifelnd um. Er erkennt die Gegend nicht wieder. Außerdem ist der Boden nach den Regenfällen sehr aufgeweicht. Über diesen schlammigen Grund können die schweren Bisons unmöglich ziehen. „Das ist nicht der richtige Weg", seufzt Sandige Stirn.
„Wir müssen über den Bergkamm gehen", schlägt Yakari vor.

In der steinigen Landschaft kommen sie nur langsam voran. Auf einem Felsen geraten die Hufe von Sandige Stirn ins Rutschen. Kleiner Donner kann gerade noch verhindern, dass der Bison in eine tiefe Schlucht stürzt. Für eine Herde ist dieser Weg viel zu gefährlich.
„Ich kann mich nicht erinnern, Yakari", sagt Sandige Stirn niedergeschlagen und hält sich für einen jämmerlichen Anführer. „Ich bin zu nichts mehr zu gebrauchen."
Der junge Sioux widerspricht sofort: „Jetzt reiß dich zusammen! Ich bin ganz sicher, es fällt dir wieder ein."

Yakaris Zuversicht gibt dem Bison neue Kraft. Er ändert die Richtung und marschiert weiter. Da bemerkt Yakari einen Adler. Bestimmt ist sein Totem ein Zeichen, dass sie auf der richtigen Spur sind. Und so ist es.

„Ich erkenne es wieder!", freut sich Sandige Stirn, als sie ein riesiges Gebiet mit saftigem Gras erreichen. „Das ist die große Ebene, die ich gesucht habe. Dank deiner Hilfe, Yakari, habe ich den richtigen Weg für meine Herde gefunden." Plötzlich hören sie ein Fauchen. Ein Puma-Weibchen steht sprungbereit hinter Kleiner Donner. Überrascht schreckt das Pony zurück und Yakari stürzt zu Boden. Jetzt ist er für das wilde Tier ein leichtes Opfer. „Achtung, Yakari!", ruft Kleiner Donner und will seinem Freund helfen. Da mischt sich Sandige Stirn ein: „Das übernehme ich!" Seine Haut ist schließlich viel dicker als die eines Ponys. Als der Puma ihn anfällt, schüttelt Sandige Stirn ihn mit einer kräftigen Drehung ab.

In diesem Moment entdeckt Yakari etwas. Drei weit aufgerissene Augenpaare starren ihn an. „Sind das deine Jungen?", fragt er. Offenbar sind die kleinen Pumas hinter einem Felsbrocken eingeklemmt und können nicht ins Freie.

„Misch dich hier nicht in meine Angelegenheiten", faucht das Puma-Weibchen. „Das ist ganz allein meine Sache!"

Yakari bleibt hartnäckig: „Wollen wir sie nicht lieber gemeinsam befreien, anstatt zu kämpfen?" Die Mutter hat nur wenig Hoffnung. Niemand kann den schweren Felsen aus dem Weg räumen.

„Wenn wir zu viert schieben, dann schaffen wir es ganz bestimmt!", sagt der junge Sioux.

Nun packen alle mit an. Der Stein bewegt sich zwar einige Zentimeter, doch noch immer ist der Ausgang für die Puma-Jungen versperrt.

„Na los – zieht!", treibt Yakari die anderen an, bis ihm der schlammige Boden am Fluss wieder einfällt. „Ich weiß, wie wir den Felsen wegkriegen!" Gemeinsam mit Sandige Stirn und Kleiner Donner holt Yakari Wasser. Damit weichen sie den Grund unter dem Stein auf. Als sie sich wieder gegen den Fels stemmen, rutscht er endlich beiseite. Sogleich tapsen die Puma-Kinder zu ihrer Mutter und kuscheln sich an sie. Diese kann ihr Glück kaum fassen. „Meine Kleinen", seufzt sie und leckt ihnen liebevoll das Fell. „Du hattest recht, Yakari! Man darf die Hoffnung nie aufgeben."

Auch Sandige Stirn ist dem kleinen Indianer unendlich dankbar, als er später seine Herde zur großen Ebene führt. Jetzt kann er allen beweisen, dass er doch ein würdiger Nachfolger von Wilder Wind ist. „Hier geht's lang!", ruft er und marschiert voran. „Immer mir nach, ihr Bisons!"

Der Geist des Leitwolfs

Es ist ein sonniger Spätsommertag. Yakari und Kleiner Donner streifen durch den Wald und suchen Beeren. Da springen plötzlich zwei Rehe zwischen den Sträuchern hervor. Mit großen Sprüngen laufen sie davon. „Nanu, weshalb sind die Rehe denn heute so ängstlich?", wundert sich Yakari. Sekunden später bekommt er die Antwort: Drei junge Wölfe brechen durchs Unterholz und jagen hinter den Rehen her. „Wir müssen den Rehen helfen!", beschließt Yakari. Er schwingt sich auf den Rücken von Kleiner Donner. „Komm, wir folgen ihnen!"

Doch Kleiner Donner zögert. „Muss das sein?", fragt er. „Du weißt doch, dass ich lieber nichts mit Wölfen zu tun haben will."

"Hab keine Angst!", beruhigt Yakari seinen vierbeinigen Freund. "Ich möchte ja nur mit ihnen reden." Kleiner Donner gibt sich einen Ruck. Er vertraut Yakari und weiß, dass er sich auf ihn verlassen kann. Also folgen sie den Wölfen.

Im gestreckten Galopp geht es aus dem Wald hinaus. Bald haben sie die Wölfe eingeholt – gerade noch rechtzeitig, denn die Raubtiere haben die Rehe in ein schmales Felsental getrieben. Auf drei Seiten ragen Felswände empor und die Wölfe versperren den Fluchtweg. Die Rehe sitzen in der Falle! Knurrend nähern sich die Wölfe den Rehen. "Kommt schon!", faucht einer der Wölfe. "Wir wollen doch nur ein bisschen spielen!" Die Rehe weichen ängstlich zurück. Doch die Wölfe kommen immer näher und zeigen ihre spitzen Zähne.

Yakari lenkt Kleiner Donner an den Wölfen vorbei und stellt sich schützend vor die Rehe. "Bleibt stehen!", ruft er den Wölfen zu. "Die Rehe sind viel zu jung! Sie können sich überhaupt nicht wehren!"

"Misch dich da nicht ein, kleiner Mensch!", knurrt einer der Wölfe.

Doch Yakari lässt nicht locker. "Was ist los mit euch?", fragt er. "Ihr habt doch gar keinen Hunger. Weshalb jagt ihr dann die armen Rehe?"

"Das geht dich gar nichts an!", erwidert der erste Wolf. "Wir machen, was wir wollen, verstanden?" Während sie mit Yakari sprechen, achten die Wölfe nicht mehr auf ihre Beute. Die Rehe nutzen die Gelegenheit und springen eilig davon.

"Grrr!", knurrt der zweite Wolf. "Jetzt hast du ihnen zur Flucht verholfen."

Yakari entgegnet: "Ein erwachsener Wolf jagt auch nicht nur zum Spaß. Wo ist euer Leitwolf? Wölfe brauchen ihr Rudel und einen Anführer, um gemeinsam zu überleben."

Jetzt meldet sich der dritte Wolf zu Wort. Er hat dunkleres Fell und wirkt etwas vernünftiger als die anderen. „Großer Weißer war unser Leitwolf", erzählt er. „Doch er ist irgendwo in den verschneiten Ebenen verschwunden. Seitdem ziehen wir ohne ihn herum."
„Wir brauchen keinen Anführer!", behauptet der erste Wolf.
Der Wolf mit dem dunkleren Fell sieht das anders. „Ich wollte schon lange in den verschneiten Ebenen nach Großer Weißer suchen", erzählt er und wendet sich an Yakari. „Du hast recht, kleiner Mensch! Ohne einen Leitwolf werden wir nicht lange überleben. Könntest du uns zu den verschneiten Ebenen führen?"
Der Indianerjunge blickt zu Kleiner Donner. Er weiß genau, dass sein Pony sich vor den Wölfen fürchtet. Leise flüstert er: „Sie brauchen wirklich unsere Hilfe, Kleiner Donner – und ich brauche dich. Hab keine Angst!" Kleiner Donner nickt und schnaubt zustimmend.
„Gut", sagt Yakari zu den Wölfen. „Wir führen euch zu den verschneiten Ebenen."
„Danke, junger Sioux", antwortet der Wolf mit dem dunkleren Fell. „Übrigens: Mein Name ist Feuriges Fell."
„Ich heiße Yakari", erwidert der Indianerjunge. „Und das hier ist Kleiner Donner."

Gemeinsam ziehen sie los – Yakari auf Kleiner Donner vorne, gefolgt von den drei Wölfen. Sie müssen eine weite Strecke zurücklegen, bis sie die verschneiten Ebenen erreichen. Ein kalter Wind kommt auf und es beginnt zu schneien. Immer dichter wird das Schneetreiben, bis sie kaum noch etwas sehen können.
„Wir sind da!", ruft Feuriges Fell. „In dieser Gegend haben wir Großer Weißer das letzte Mal gesehen!"

Kleiner Donner schnaubt erleichtert. „Dann können wir ja jetzt heimkehren", sagt er zu Yakari. Doch der kleine Sioux erwidert: „Wir müssen erst warten, bis sich der Sturm gelegt hat." Er deutet auf einen großen Felsvorsprung. „Besser, wir stellen uns dort unter!"

Doch die zwei grauen Wölfe hören nicht auf ihn. „Großer Weißer muss ganz in der Nähe sein", vermutet einer von ihnen. „Los, wir suchen ihn!" Schon laufen die beiden davon. Feuriges Fell hält sie auf. „Wartet!", ruft er. „Bei diesem Schneesturm finden wir ihn nie! Besser, wir suchen bei Yakari und Kleiner Donner Schutz!"
Der Schnee fällt inzwischen so dicht, dass die Wölfe fast nichts mehr sehen können. Zögernd folgen sie Feuriges Fell unter den Felsvorsprung.

Während sie auf das Ende des Schneesturms warten, schläft Yakari kurz ein. Da erhellt sich plötzlich der Himmel und Großer Adler erscheint. Er ist das Totemtier von Yakari und steht dem kleinen Sioux immer bei, wenn er Hilfe braucht.
„Yakari!", ruft Großer Adler und landet vor dem Felsvorsprung. „Du hast eine edle Aufgabe übernommen, die viel Mut erfordert."

Yakari springt auf und läuft ihm entgegen. „Großer Adler!", ruft er. „Die Wölfe finden ihren Leitwolf nicht!"

Großer Adler erwidert: „Dabei ist er viel näher, als du glaubst! Pass gut auf dich auf, Yakari!"

Nach diesen Worten breitet Großer Adler seine mächtigen Schwingen aus und fliegt davon.

Als Yakari aufwacht, schleichen die beiden grauen Wölfe mit gebleckten Zähnen um ihn herum. „Wir haben Hunger!", knurrt einer von ihnen. Die beiden kommen immer näher auf Yakari zu. Doch da springt Feuriges Fell dazwischen.

„Schluss damit!", weist Feuriges Fell sie zurecht. „Reißt euch zusammen!" Plötzlich werden Yakari und die Tiere von gleißend hellem Licht geblendet. Draußen vor dem Felsvorsprung erscheint ein alter Wolf mit weißem Fell.

„Großer Weißer!", sagt Feuriges Fell.

„Ihr habt es geschafft!", sagt die Erscheinung. „Eure Suche ist zu Ende. Nun habt ihr euren Anführer gefunden. Lebt wohl!"

Bevor die Wölfe etwas entgegnen können, ist Großer Weißer schon wieder verschwunden. Die Wölfe blicken sich verwirrt an. „Was soll das heißen?", fragt einer der grauen Wölfe. „Wir sollen unseren Anführer gefunden haben? Aber wo denn?"

Der andere Graue meint: „Es muss ein Trugbild gewesen sein."

„Ihr müsst darauf hören, was die Erscheinung gesagt hat", rät Yakari. „Großer Adler meinte das Gleiche." Er deutet auf Feuriges Fell. „Ihr braucht nicht länger nach eurem Leitwolf zu suchen. Denn er steht schon vor euch!"

Erstaunt blicken die beiden anderen Wölfe auf Feuriges Fell. „Stimmt", sagt einer von ihnen. „Du hast uns zu diesem Unterschlupf geführt, Feuriges Fell. Du sollst unser Leitwolf sein."
„Ja, Feuriges Fell! Du hast das Zeug dazu", bestätigt der andere Wolf. Feuriges Fell zögert einen Moment, denn schließlich hat Yakari ihn sehr unterstützt. Aber dann begreift er, dass er sich heute wirklich so entschlossen und vernünftig wie ein Anführer verhalten hat. „Gut", willigt Feuriges Fell ein. „Dann will ich euer neuer Rudelführer sein."

Die Wölfe begleiten Yakari und Kleiner Donner nach Hause. Dabei macht Feuriges Fell seine neue Aufgabe sehr gut. Kaum kommt den anderen Wölfen wieder Unfug in den Sinn, weist er sie zurecht. In der Nähe des Indianerdorfs verabschieden sie sich. Kaum sind die jungen Wölfe verschwunden, taucht Großer Weißer auf.
„Bist du uns etwa die ganze Zeit gefolgt?", fragt Yakari den alten Wolf.
Großer Weißer erwidert: „Ja, von Anfang an. Ich hatte die jungen Wölfe allein gelassen, damit sie einen neuen Leitwolf auswählen. Danke, dass du ihnen dabei geholfen hast!" Nach diesen Worten verschwindet Großer Weißer wieder im Unterholz. Kleiner Donner trabt freudig zum Indianerdorf zurück.
„Bin ich froh, wenn wir wieder zu Hause sind!", sagt er. Und das kann Yakari bestens verstehen!

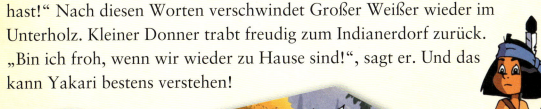

HERBST

Auch in dieser Jahreszeit verändert sich die Natur. Die Blätter an den Bäumen verfärben sich und buntes Laub schmückt überall den Boden.
Im Indianerdorf beginnen die Vorbereitungen. Die Tage werden wieder kürzer und kälter. Also muss der Stamm Vorräte sammeln, damit auch im Winter genug zu essen für alle da ist.

Yakari will unbedingt noch einmal in den Wald. Seine Freunde, die Bären, ziehen sich bald in ihr Quartier zurück. Ehe ihre Winterruhe beginnt, will sich der junge Sioux natürlich noch von ihnen verabschieden. Und nicht nur von den Bären, auch von seinen anderen Freunden im Wald verabschiedet sich Yakari. Denn in der Winterzeit ziehen sich nicht nur die Tiere zurück, auch die Indianer gehen in ihr Winterquartier.

HERBST-TALISMAN ZUM UMHÄNGEN

Die Indianer glauben, dass ein Talisman seinen Träger beschützt. Ein herbstliches Schmuckstück kann jetzt dein Glücksbringer sein.

Sammle Kastanien und lass dir von einem Erwachsenen Löcher quer hindurchbohren, zum Beispiel mit einem Fleischspieß. Deine Kastanien bleiben schön glänzend, wenn sie mit Klarlack versehen werden. Nimm nun ein Gummi- oder Lederband, das zweimal um deinen Hals passt. Verknote ein Ende und fädle eine Kastanie auf, dann einige bunte Holzperlen in unterschiedlichen Formen und Größen, wieder eine Kastanie und so weiter, bis das Band voll ist. Anschließend verknotest du beide Enden mit einem Doppelknoten. Damit deine Kette ein echtes Indianerschmuckstück wird, kannst du noch Federn in die Perlenlöcher stecken und dort mit etwas Klebstoff fixieren. Eines ist sicher: So einen Talisman besitzt nur du!

LUSTIGES ERNTE-EXPERIMENT

Im Herbst sammeln die Sioux die Früchte von Mutter Erde. Wusstest du, dass du Obst mit deinem Namen versehen kannst? Schneide dazu aus schwarzem Papier den Anfangsbuchstaben deines Vornamens aus. Verrühre etwas Mehl mit Wasser zu einem Kleister und streiche ihn auf die Rückseite des Buchstabens. Drücke diesen nun auf eine Frucht, die noch nachreift, zum Beispiel einen grünen Apfel. Lege ihn an eine sonnige Stelle. Wenn das Obst gereift ist, kannst du den Buchstaben abnehmen und den Kleister mit Wasser abwaschen. Entdeckst du nun dein Zeichen auf der Schale?

Ein Bär sieht rot

Eines Tages rennt Müder Krieger ins Dorf. Keiner kann glauben, dass Müder Krieger schneller geht als eine Schildkröte. Da muss etwas Schreckliches passiert sein. Müder Krieger erzählt, dass ihn ein Bär angreifen wollte. Aber Bären greifen Menschen nur an, wenn sie bedroht werden oder wenn sie Junge haben.

Wie dem auch sei – die Männer im Dorf empfinden den Bären als Bedrohung und wollen ihn verjagen.

„Nimm zwei Männer mit und tu alles, um unser Dorf zu schützen, Kühner Rabe!", sagt Kühner Blick.

„Nein", widerspricht Yakari. „Wir wissen doch gar nicht, was passiert ist."

Aber keiner beachtet ihn. Yakari möchte nachsehen, was los ist, und reitet auf Kleiner Donner in den Wald.

Bald finden sie Bärenspuren. Kleiner Donner mahnt zur Vorsicht, aber Yakari sagt: „Ich kenne alle Bären, die hier wohnen." Plötzlich kommt das Bärenjunge Honigtau aus dem Gebüsch und wirft sich dem kleinen Sioux verzweifelt entgegen.

„Yakari", jammert Honigtau. „Mama ist verrückt geworden. Sie hat mich verlassen."

„Sie war das! Was ist denn passiert? So etwas würde sie doch niemals tun", fragt sich Yakari. Doch bevor er sich um Mutter Bär kümmern kann, muss er zuerst die Jäger zurückhalten. Schnell schickt er Honigtau in seine Höhle und verspricht, ihn später abzuholen. Im Galopp reitet Yakari los.

Die Jäger streifen bereits durch den Wald, um das wilde Tier aufzuspüren. „Halt! Wartet!", ruft Yakari ihnen entgegen. „Ihr dürft ihr nichts tun. Sie ist nicht böse!" Gerade als der junge Sioux die Jäger davon überzeugen will, stürzt die Bärin plötzlich aus dem Unterholz. Laut knurrend reißt sie ihr Maul auf, stellt sich auf die Hinterbeine und schwingt drohend die mächtigen Tatzen. Das ist zu viel für die Jäger. Erschrocken eilen sie davon.

Yakari möchte mit der Bärin reden, doch er merkt schnell, dass ihr nicht nach Reden zumute ist. Sie will sich einfach nicht beruhigen.

Zurück im Dorf versammeln sich die Jäger und einige Sioux. „Das Tier ist gefährlich", sagt Kühner Rabe. „Wir müssen es zur Strecke bringen." Doch Indianer töten Tiere nur, um zu überleben. Zudem hat die Bärin ihnen nichts getan. Vielleicht hat aber ein böser Geist von ihr Besitz ergriffen? Dann müssen sie das Tier erlösen.

Schockiert belauscht Yakari das Gespräch. Das darf nicht sein! Bestimmt gibt es eine andere Lösung.

Auf Kleiner Donner reitet er zu Honigtau und fragt ihn, was genau geschehen ist. „Wir nahmen Honig von dem Bienenstock und dann wurde Mama ganz böse", erzählt das Bärenjunge. Yakari überlegt. Womöglich haben die Bienen die Bärin gestochen? Nein, das kann es nicht sein! Die Bären haben schon immer von dem Honig genascht. „Wo ist dieser Bienenstock?", fragt Yakari nach. Als Honigtau ihm den Weg beschreibt, hören sie das wütende Brüllen von Mutter Bär. Das Bärenkind sieht Yakari ängstlich an.

„Keine Angst", tröstet Yakari. „Ich mache deine Mama wieder gesund."

Nach einer Weile finden Kleiner Donner und Yakari den Bienenstock. „Ah!", macht Kleiner Donner auf einmal. „Mich hat was gestochen."

„Eine Biene?", fragt Yakari.

„Nein, der Busch. Er ist voller Dornen", antwortet Kleiner Donner.

Yakari sieht sich den Strauch genau an. Dann fällt sein Blick auf den Boden. Er entdeckt die Tatzenspuren der Bärin. Sie muss ganz nahe an dem Busch vorbeigegangen sein.

"Bestimmt ist sie in einen Dorn getreten. Der sitzt jetzt in ihrer Tatze und wandert immer tiefer unter die Haut. Der Schmerz macht sie ganz verrückt", vermutet Yakari. "Wir müssen ihr nur den Dorn rausziehen und alles wird wieder gut."
"Das ist alles?", fragt Kleiner Donner. "Und wie möchtest du das anstellen? Möchtest du sie etwa bitten, sich ruhig hinzulegen und dir die Tatze hinzuhalten?"
Nachdenklich kratzt sich Yakari die Wange. Das hört sich tatsächlich ziemlich schwierig an. Doch dann lächelt er und ruft: "Warum nicht?"

Im Indianerdorf bittet er Regenbogen um Hilfe. Seine Freundin weiß wirklich einen Rat. "Hier ist ein Rezept für einen Schlaftrunk", strahlt sie. "Aber damit sie den trinkt, musst du sie durstig machen, mit einem großen Fisch."
"Danke, Regenbogen", freut sich Yakari. "Ich wusste, dass du eine Idee hast."
Im Vorbeigehen hört Yakari, dass Kühner Rabe mit seinen Kriegern im Morgengrauen losziehen möchte, um die Bärin zu fassen. "Da bleibt uns noch genügend Zeit für die Vorbereitungen", sagt er zu Kleiner Donner.

„Am Waldrand findest du genug Kräuter und Beeren für ein Schlafmittel. Und Pflanzen, die durstig machen. Damit präparierst du einen Fisch und legst ihn neben den Schlaftrunk", hatte Regenbogen ihn angewiesen.
Und so befolgt Yakari auch jeden einzelnen Schritt. Während der Schlaftrunk köchelt, schnitzt Yakari Tatzenabdrücke in Holzstücke. „Damit wir die Jäger in die Irre führen können, dürfen sie auf keinen Fall Verdacht schöpfen. Und dafür brauchen wir täuschend echte Tatzen!"
Anschließend machen sich Kleiner Donner und Yakari auf den Weg. Sie wollen für die Jäger eine falsche Spur legen. „Wenn ich Kühner Rabe wäre, würde ich dorthin gehen, wo ich den Bären zuletzt gesehen habe."
„Gut. Und dann?", fragt Kleiner Donner.

„Und dann kommst du", antwortet Yakari und wirft ihm etwas vor die Hufe. Es sind vier geschnitzte Tatzensohlen, die wie Socken einen Schaft zum Überziehen besitzen.
Tatsächlich fällt Kühner Rabe mit seinen Jägern auf die falsche Fährte herein.
„Da!", ruft Kühner Rabe. Er deutet auf die Abdrücke am Boden und schon folgen die Männer der Spur. Versteckt in einem Busch beobachtet Yakari das Geschehen und freut sich. Die Jäger wären sie los. Und wenn Honigtau recht behält, muss seine Mutter bald hier vorbeikommen. Schnell legt Yakari den präparierten Fisch aus und gießt den Schlaftrunk in eine Mulde daneben. Hoffentlich funktioniert dieser zweite Teil seines Plans genauso gut.

Unterdessen stapft Kleiner Donner noch immer auf den geschnitzten Holztatzen umher und legt eine falsche Fährte. Er lockt die Jäger weit aus dem Wald in die Berge. Als er genügend Abdrücke hinterlassen hat, kehrt er zu Yakari zurück. Der kleine Indianer kauert hinter einem Fels und behält seine Schlaftrunkfalle fest im Blick.
„Wo sind die Jäger?", flüstert Yakari.
„Die reiten im Kreis um die Schlucht", erwidert sein Pony.

Inzwischen hat die Bärin den Fisch entdeckt und ihn mit einem Happs verschlungen. Danach stürzt sie durstig zu der Mulde und trinkt den Schlaftrunk restlos aus. Alles scheint zu funktionieren. Aber dann sieht die Bärin die beiden Freunde und rast auf sie los.
„Es klappt nicht!", ruft Yakari. „Weg hier!" Er schwingt sich auf sein Pony. Im wilden Galopp reiten sie los. Die Bärin bleibt ihnen dicht auf den Fersen. Da stolpert Kleiner Donner und Yakari stürzt zu Boden. Jetzt ist er der Bärin ausgeliefert. Sie brüllt, schwingt gefährlich die Arme und – urplötzlich bricht sie zusammen und fällt in tiefen Schlaf. Endlich wirkt der Trank, doch wie lange?

Die Bärin kann jeden Moment aufwachen. Schnell untersucht Yakari ihre Tatzen und entdeckt tatsächlich einen Dorn. Er zieht ihn vorsichtig heraus. „Schnell weg, Kleiner Donner", sagt der junge Sioux, als die Bärin zu sich kommt und zu brüllen beginnt. „Alles Gute, Mama Bär!", ruft Yakari ihr noch zu und reitet zurück ins Dorf.

Dort verkündet Kühner Rabe wenige Tage später, sie hätten den Bären in die Flucht geschlagen. Aber Yakari und Kleiner Donner wissen es besser. Sie besuchen Mama Bär und Honigtau im Wald. „Ach Yakari", begrüßt die Bärin sie fröhlich. „Ich wollte dir noch danken, dass du mir so geholfen hast – mir und meinem Honigtau." Als Dankeschön überreicht sie dem kleinen Indianer eine Honigwabe. Yakari leckt sich die Lippen. Dieses Geschenk nimmt er sehr gerne an.

Der Vogel mit den hundert Stimmen

Was ist heute nur mit den Tieren los? Überall im Wald herrscht große Aufregung: Die Otter zittern am ganzen Körper. Ängstlich erzählen sie Yakari und Kleiner Donner, dass sie die Rufe eines Kojoten gehört haben. Yakari wundert sich. Hier ist doch gar nicht das Revier eines Kojoten. Der Elch berichtet, dass lautes Wolfsgeheul die Tiere unten am Fluss in Angst und Schrecken versetzt hat. Und ein Eichhörnchen ruft: „Der böse Geist lässt hier im Wald viele unsichtbare Tiere brüllen!"

Yakari und Kleiner Donner sind sich einig: Hier geht es nicht mit rechten Dingen zu! Gemeinsam ziehen sie los. Sie müssen unbedingt herausfinden, wer im Wald sein Unwesen treibt! Vorsichtig schauen sich die beiden um. Es ist nichts Verdächtiges zu sehen. Doch was ist das? Plötzlich dringt laut und deutlich das Blöken eines Schafes durch den Wald.

„Nanu!", murmelt Yakari. „Ein Schaf im Wald? Das ist wirklich seltsam."
Gemeinsam mit Kleiner Donner folgt er dem Geräusch, doch von einem Schaf ist weit und breit nichts zu entdecken. Stattdessen hören die Freunde auf einmal das Krächzen eines Raben. Als Yakari die Zweige eines Busches auseinanderbiegt, entdeckt er einen kleinen Vogel.

Erschrocken starrt der Vogel den Indianerjungen an und aus seinem Schnabel kommt ein lang gezogenes „Määh!"
„Für einen Vogel machst du aber seltsame Laute!", staunt Yakari. „Steckst du etwa hinter all den Tierstimmen?"
Der Vogel nickt. „Ich bin eine Spottdrossel", erwidert er.
„Wie viele Tiere kannst du denn nachahmen?", fragt Yakari.
„Sehr viele", antwortet die Spottdrossel. Zum Beweis meckert sie wie eine Ziege.
„Du hast wirklich Talent!", meint Yakari.
Kleiner Donner fragt: „Aber weshalb erschreckst du die Waldtiere so?"
„Mit den Tierlauten schütze ich mich", erklärt die Spottdrossel.
In diesem Augenblick taucht ein fremder Jäger im Wald auf. Yakari und Kleiner Donner verstecken sich schnell hinter einem großen Felsen. „Komm her, du Unglücksvogel!", brüllt der Jäger. „Ich brauche dich für meine Jagd!"
„Er sucht mich!", raunt die Spottdrossel den Freunden zu und fliegt eilig davon. Der Jäger schimpft laut vor sich hin, während er zum Fluss weiterzieht. Was hat der Fremde nur mit dem Vogel vor? „Nichts Gutes, wenn du mich fragst", sagt Kleiner Donner bedrückt zu Yakari.

Yakari reitet schnell ins Indianerdorf zurück und erzählt seiner Freundin Regenbogen von der seltsamen Begegnung im Wald. „Hast du schon mal was von einer Spottdrossel gehört?", fragt Yakari.

„Ja", erwidert Regenbogen. „Man nennt sie auch den Vogel mit den hundert Stimmen, weil sie so viele Tierlaute nachahmen kann. Was hat der Jäger wohl mit der Spottdrossel vor?"
„Keine Ahnung", erwidert Yakari. „Vielleicht will er ihr Talent nutzen, um andere Tiere einzufangen!"
„Das ist gut möglich", sagt Regenbogen nachdenklich. „Lass uns in den Wald reiten und dort nach dem Rechten sehen!"
Yakari und Regenbogen schwingen sich auf den Rücken von Kleiner Donner. Im Galopp geht es wieder in den Wald.

Dort hat der Jäger die Spottdrossel inzwischen eingefangen. Er hält sie fest in seiner großen Hand. Als der Vogel hilflos mit den Flügeln schlägt, packt der Jäger nur noch fester zu.
„Hab ich dich!", knurrt er. „Jetzt wirst du mir helfen, die Bisons zu fangen!"
Die arme Spottdrossel zittert vor Angst. Mit bebender Stimme stößt sie ein leises Wolfsgeheul aus. „Lauter!", schreit der Jäger. Der kleine Vogel lässt immer lauteres Wolfsgeheul hören, bis der Jäger endlich zufrieden ist. „Wenn der Vogel so heult, wenn ich ihn gleich an einem Baum festbinde, werden die Bisons das tun, was ich will.

Die Bisons haben Angst vor den Wölfen. Wenn sie dein Wolfsgeheul hören, werden sie wegrennen – genau in den Engpass am Rande der Schlucht. Dort warte ich mit Pfeil und Bogen auf sie."
Der Jäger bindet den Vogel mit einer Schnur an einem Baum fest. Der armen Spottdrossel bleibt nichts anderes übrig, als zu heulen wie ein Wolf.

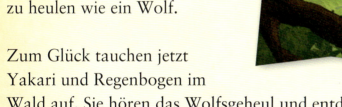

Zum Glück tauchen jetzt Yakari und Regenbogen im Wald auf. Sie hören das Wolfsgeheul und entdecken die Spottdrossel ganz in der Nähe der grasenden Bisons. „Jetzt weiß ich, was der Jäger vorhat", sagt Yakari zu Regenbogen. „Er möchte, dass die Bisons vor dem Wolfsgeheul weglaufen. Wenn sie erst mal in den Engpass dort drüben gerannt sind, dann sind sie leichte Beute für ihn." Blitzschnell steuert Yakari sein Pony zu den Bisons hinüber. Kleiner Donner versteht sofort, was er zu tun hat. Er galoppiert geradewegs auf die Bisons zu, während Yakari die Tiere mit lauten Rufen von dem Engpass wegscheucht.
Es klappt: Schon setzt sich die ganze Herde in Bewegung. Die Erde bebt, als die Bisonherde in der Weite der Prärie verschwindet.
Der Jäger, der am Rande des Engpasses auf die Bisons gewartet hat, platzt fast vor Wut.
Yakari und Regenbogen wollen schnell die Spottdrossel befreien, bevor der Jäger seinen Zorn an ihr auslässt! Regenbogen steigt auf Yakaris Schultern und versucht eilig, die Schnur aufzuknoten, mit der die Spottdrossel an einem Ast festgebunden ist.

119

Doch der Knoten sitzt so fest, dass das Indianermädchen ihn nicht lösen kann. Da kommt auch schon der Jäger angestapft.
Yakari, Regenbogen und Kleiner Donner können sich gerade noch verstecken, bevor der Jäger sie entdeckt. Hilflos sehen sie mit an, wie der Mann die Spottdrossel packt.
„Morgen bekommst du deine allerletzte Chance!", faucht er wütend. „Wenn dein Wolfsgeheul die Bisons dann wieder nicht in meine Falle treibt, kannst du was erleben!"
Vor Angst bringt der kleine Vogel nur ein leises Krächzen heraus.
In ihrem Versteck verständigen sich Yakari und Regenbogen mit Blicken. Sie müssen der Spottdrossel helfen. Doch alleine wird ihnen das nicht gelingen. Sie brauchen Unterstützung – und Yakari weiß auch schon, was jetzt zu tun ist.
Sogleich versammelt er die Otter und auch den Raben Krick-Krack um sich.
Dann berichtet der junge Sioux von seinem Plan …

Am Abend zündet der Jäger ein Lagerfeuer an und legt sich schlafen. Die Spottdrossel hat er an einem Ast ganz in seiner Nähe festgebunden. Es ist tief in der Nacht, als Yakari und die Waldtiere an dem schlafenden Jäger vorbeischleichen. Die Otter nagen schnell die Schnur durch, mit der die Drossel gefesselt ist. Ruck, zuck ist der Vogel befreit. Und jetzt soll der Jäger eine Überraschung erleben. Plötzlich wird er vom Krächzen eines Raben aus dem Schlaf gerissen. Als er hochschreckt, sieht er, dass die Spottdrossel verschwunden ist.
„Na warte!", schimpft er. „Dich kriege ich wieder!" Doch als der Jäger auf der Suche nach dem Vogel durch den dunklen Wald stapft, hallen von überall her Tierstimmen durch die Nacht. Seltsame Gestalten und Schattenbilder jagen dem Jäger solche Angst ein, dass er schnell davonläuft und am Fluss in sein Boot springt. Der Angstschweiß steht auf seiner Stirn, als er mit eiligen Ruderschlägen davonfährt. Yakari und Regenbogen, die seine Flucht gemeinsam mit den Tieren beobachtet haben, sind zufrieden.
„Jetzt haben zur Abwechslung mal die Tiere den Jäger gejagt", stellt Regenbogen fest. „Den sehen wir so schnell bestimmt nicht wieder."
„Vielen Dank", sagt die Spottdrossel und wendet sich an die Waldtiere. „Es tut mir leid, dass ich euch erschreckt habe. Jetzt, wo der Jäger weg ist, werde ich einfach nur noch zwitschern wie ein Vogel." Damit sind alle Waldbewohner einverstanden! Und wenn die Spottdrossel doch mal wieder Tierstimmen nachahmen möchte, dann stattet sie Yakari und Regenbogen einen Besuch im Indianerdorf ab.

121

Knickohr und der kleine Wolf

Im Dorf der Sioux spielen Yakari und Knickohr mal wieder das Fang-das-Stöckchen-Spiel. Dabei geht es wie immer wild zu. Knickohr rennt auf der Jagd nach dem Holzstück alles über den Haufen, was ihm in den Weg kommt. Die anderen Sioux sind schon total genervt von der Rennerei. Als das Stöckchen gegen den Kopf eines Jägers fliegt, hat das Spiel ein rasches Ende. Wütend nimmt der Jäger das Holz und bricht es über seinem Knie in zwei Teile. Traurig blickt Knickohr auf die zerbrochenen Reste seines Lieblingsspielzeugs. „Na wenn das so ist, dann gehe ich eben", sagt er. „Woanders kann ich wenigstens spielen, so viel ich will." Dann trottet er trotzig davon.

Yakari macht sich zunächst keine großen Sorgen. Der kleine Sioux ist sich sicher, dass Knickohr schon bald wieder zurückkommen wird. In der Wildnis kennt sich der Hund schließlich nicht aus.

Aber als Yakari beim Abendessen am Lagerfeuer sitzt, ist Knickohr noch immer nicht aufgetaucht. „Das ist merkwürdig", überlegt Yakari. „Sonst lässt Knickohr doch keine Mahlzeit aus." Er beschließt, ihn zu suchen. Auf Kleiner Donner reitet er in den Wald.

Dort hat Knickohr unterdessen mit einem kleinen Wolf Bekanntschaft gemacht. Nun versucht er, sich mit dem Wolf zu verständigen, aber das klappt nicht so richtig. Als Knickohr einen leckeren Knochen anschleppt, kann der Wolf damit überhaupt nichts anfangen.

„Hast du etwa keinen Hunger?", wundert sich Knickohr. Da kommt der kleine Wolf mit einer Maus im Maul an. „Ah, du magst lieber frisches Fleisch! Endlich habe ich dich verstanden", sagt der Hund. „Komm, wir gehen jagen!" Aber Knickohr hat in seinem Leben noch nie ein wildes Tier gejagt. Er jagt immer nur Stöckchen hinterher.

Trotzdem ist er wild entschlossen, sich sein Essen jetzt selbst zu besorgen. „Bereit zum Angriff, kleiner Wolf? Da kommt unsere Beute", ruft Knickohr, als er sieht, dass etwas auf sie zuläuft. Er ahnt nicht, dass es Yakari und Kleiner Donner sind. Mit lautem Gebrüll stürzen sich Knickohr und der Wolf auf die beiden.
„Was soll denn das?", schreit Yakari, als Hundezähne seinen Arm umschließen. „Lass das, Knickohr! Ich bin's doch!" Da lässt der Hund von dem kleinen Sioux ab. Nur der Wolf zerrt noch immer an Yakaris Kleidung, bis Knickohr ihn am Schwanz packt und beruhigt. „Ich bringe ihm gerade das Pirschen bei", erzählt Knickohr stolz. „Der Kleine ist mir zugelaufen."

Neugierig betrachtet Yakari Knickohrs Gefährten und sagt: „Anscheinend geht es ihm gut. Aber er muss sein Rudel wiederfinden."
„Quatsch, der kommt mit zu mir nach Hause", widerspricht Knickohr. „Wir beide sind doch fast gleich und von jetzt an bin ich eben sein Rudel."
Yakari ist überhaupt nicht mit Knickohrs Plan einverstanden. „Das ist unmöglich. Wenn er größer wird, erwacht sein Raubtierinstinkt. Dann kann er nicht mehr bei den Menschen leben", erklärt der kleine Sioux.

Weil es schon bald dunkel wird, schlagen Yakari und seine Freunde das Nachtlager auf. Alle versammeln sich um ein knisterndes Feuer. Nur der kleine Wolf zieht ängstlich den Kopf ein. Die tanzenden Flammen sind ihm nicht geheuer. „Hab keine Angst", beruhigt ihn Yakari. „Das Feuer wärmt uns schön."
Auf einmal ertönt in der Ferne das Heulen von Wölfen. Sofort läuft der junge Wolf los. Offenbar hat er große Sehnsucht nach seinem Rudel. Doch Knickohr fängt den Kleinen wieder ein und trägt ihn im Maul zurück zum Lagerfeuer.
„Jetzt ist Schlafenszeit", sagt der Hund entschieden. Mit einem lauten Gähnen stimmt Yakari ihm zu. „Gute Idee! Und morgen werden wir ihn ein Stück begleiten."

Doch am nächsten Morgen sind Knickohr und der Wolf verschwunden. Die beiden rennen durch den Wald. Dabei versucht Knickohr, sich wie ein Wolf zu benehmen. Aber die Wildnis wird ihm mehr und mehr unheimlich. Sogar vor harmlosem Vogelgezwitscher hat er Angst.
„Was sind das für komische Geräusche hier?", fragt er sich. Verunsichert schaut er sich um und läuft dabei ganz langsam rückwärts – direkt in ein Stachelschwein hinein. „Aua, aua!", schreit er, als sich ein Stachel in sein Fell bohrt.

Diese Schreie hören auch Yakari und Kleiner Donner. Als sie Knickohr finden, sehen sie noch, wie der Wolf gerade mit lautem Knurren das Stachelschwein vertreibt. „Du bist aber ganz schön mutig", staunt Knickohr.
„Er ist ein Wolf", mischt sich Yakari ein. „Er kann sich gegen jedes andere Tier wehren, auch wenn er noch ganz klein ist." Dann zieht der Sioux den Stachel aus Knickohrs Fell, was dem Hund scheinbar schon wieder fürchterlich wehtut. „Siehst du jetzt ein, dass die Wildnis nichts für dich ist?", fragt Yakari. Aber Knickohr lässt sich nicht beirren. Wenn die Indianer ihn nicht mehr haben wollen, schließt er sich eben den Wölfen an. Gemeinsam mit seinem neuen Gefährten zieht er weiter. Da fällt Yakari etwas ein und er sagt zu Kleiner Donner: „Wir spielen ganz ruhig weiter mit ihm Stöckchen holen und er kommt ins Lager zurück, ohne es überhaupt zu merken." Hinter einem Felsen versteckt wirft Yakari den ersten Ast. Knickohr reagiert sofort.

125

Vergnügt jagt er dem Holz hinterher, bis ein weiteres Stöckchen durch die Luft wirbelt. Da wird Knickohr misstrauisch und durchschaut Yakaris Plan. Genervt beendet der Hund das Spiel und geht mit dem kleinen Wolf weiter. Yakari bleibt nichts anderes übrig, als auf Kleiner Donner zu folgen.

Nach einer Weile ruft der junge Sioux: „Da sind sie!" Nun entdecken auch die anderen das Wolfsrudel am Horizont. Der kleine Wolf rennt augenblicklich auf die Wölfe zu. Yakari hofft, dass Knickohr nicht gleich hinterherläuft, denn das könnte sehr gefährlich für ihn werden. „Du siehst doch, wie verschieden ihr seid", will er den Hund überzeugen.

„Sie werden mich trotzdem aufnehmen", meint Knickohr trotzig und rennt ebenfalls zu den Wölfen. Der kleine Wolf ist schon beim Rudel angelangt. Seine Mutter leckt ihm liebevoll übers Fell. Die Wölfe sind froh, dass ihr Junges unbeschadet zurückgekehrt ist. Da kommt Knickohr angelaufen. „Hallo, ich heiße Knickohr! Ich will mit!" Die großen Wölfe wissen, dass Hunde unter den Menschen leben. Sie glauben, Knickohr hätte ihr Kleines entführt. Mit lautem Knurren nähern sie sich dem Hund.

„Oh nein!", ruft Yakari, der aus der Ferne das Geschehen beobachtet. „Sie fallen gleich über ihn her." Auf Kleiner Donner galoppiert er los. Ob er es noch rechtzeitig schafft?

Gerade will sich ein großer Wolf auf Knickohr stürzen. Da geht der kleine Wolf dazwischen, um seinen Freund zu beschützen. So stößt der große Wolf versehentlich das Junge einen Abhang hinunter. Der kleine Wolf schlittert dem sicheren Tod entgegen. Doch Knickohr reagiert blitzschnell.

Er eilt hinterher und schnappt sich den Kleinen im letzten Moment. Jetzt sind auch die großen Wölfe nicht mehr böse.
„Du hast mein Junges gerettet", sagt die Wolfsmutter erleichtert. Als Yakari hinzukommt, erklärt er: „Er hat den Kleinen in der Wildnis gefunden und er hat ihn beschützt."
„Und wir danken ihm dafür", meint der große Wolf. „Du bist uns jederzeit willkommen, Knickohr!"

Nun heißt es Abschied nehmen. Der kleine Wolf zieht mit seinem Rudel weiter, während Knickohr gemeinsam mit Yakari und Kleiner Donner in Richtung Indianerdorf aufbricht. Ob Knickohr sehr traurig ist?
„Ach, die Wölfe und ich, wir sind zu verschieden", sagt der Hund zu Yakari.
„Außerdem sind die immer so ernst in diesem Rudel." Dann zögert Knickohr und fragt: „Yakari, hast du eigentlich noch Stöckchen?"
Lachend nimmt der junge Sioux einen morschen Ast und wirft ihn durch die Luft. Mit fröhlichem Gebell jagt Knickohr dem Stöckchen hinterher. Endlich kann er wieder spielen – und im Dorf für Durcheinander sorgen.

Die schwarzen Steine

Kühner Blick reitet mit einigen Stammesbrüdern in die Berge. Yakari darf ihn begleiten. „Kannst du noch, Kleiner Donner?", fragt Yakari und beugt sich zu seinem Pony, um ihm die Mähne zu streicheln. Der Weg ist lang und führt sie weit hinauf. Schon jetzt keuchen die Pferde. Auf dem steinigen Boden kommen sie nur langsam voran. Zudem weht ein schrecklich kalter Wind. Inzwischen versteht Yakari, warum Kleiner Donner lieber zu Hause bleiben wollte. Trotzdem freut sich der junge Sioux, dass er bei dieser wichtigen Mission dabei ist. „Halt durch!", spornt er Kleiner Donner an. „Die schwarzen Steine sind sehr wichtig für unseren Stamm. Daraus lassen sich die besten Werkzeuge und Pfeilspitzen machen."
Doch nicht nur das Sammeln der Steine interessiert Yakari. In dieser wunderschönen Landschaft leben sicher ungewöhnliche Tiere, die er zu gerne kennenlernen möchte.

Irgendwann stoppt Kühner Blick die Reiter. „Das schwarze Gestein werden wir hoffentlich an den Hängen dieses Berges finden", vermutet er. Im Windschatten des Berges können sie ihr Lager errichten. Kühner Blick verteilt Aufgaben. Kühner Rabe und Hastiges Eichhörnchen sollen zwei Zelte für die Nacht aufbauen, während Yakari für das Feuerholz zuständig ist. Schnell verabschiedet er sich von Kleiner Donner: „Du wartest hier. Du bist heute wirklich weit genug gelaufen."
„Vielen Dank, Yakari", erwidert sein Pony mit vollem Mund und grast gemütlich weiter.

Der junge Sioux will sich beeilen. Immer mehr Äste stapelt er sich auf den Arm, bis er plötzlich eine Spur am Boden entdeckt. Ein Wapiti muss sie hinterlassen haben. Kurz darauf taucht das prächtige Tier vor Yakari auf. Auch von der Herde des großen Wapiti ist der Indianerjunge beeindruckt. Diese Tiere sind wirklich wunderschön. Doch friedlich geht es bei ihnen nicht zu. Zwei Männchen kämpfen gerade miteinander, um einem Weibchen zu gefallen. Krachend stoßen ihre Geweihe zusammen. Das Geräusch erinnert Yakari wieder an seinen Auftrag. Herrje, das Feuerholz!
Eilig rennt er los. Plötzlich stellt sich ihm ein riesiger Bär in den Weg. Sein lautes Gebrüll fährt Yakari in alle Glieder.

Gegen diesen Riesen hat er keine Chance. Zum Glück eilt ihm in diesem Moment der große Wapiti zu Hilfe. „Los, pack mein Geweih!", ruft er Yakari zu. Das lässt sich der junge Sioux nicht zweimal sagen. So schnell er kann, schwingt er sich auf den Rücken des Wapitis. Gemeinsam fliehen sie vor dem Bären. Leider bleibt er ihnen dicht auf den Fersen. „Werden wir es schaffen, ihn abzuhängen?", fragt Yakari ängstlich.
„Ich bin bei Weitem schneller als dieser Fell-Kloß", versichert der große Wapiti. Er kennt die Gegend sehr gut, schlägt Haken um Haken und springt geschickt über jedes Hindernis hinweg. Immer höher führt ihr Weg in die Berge.
Dort geraten die beiden in einen Schneesturm. Dichte Flocken wirbeln vor Yakaris Augen und nehmen ihm die Sicht. „Halt dich gut fest!", sagt der große Wapiti. „Ich sehe für uns beide!"
Wieder überquert er einen felsigen Abgrund mit einem gekonnten Sprung. Der Bär dagegen gerät ins Rutschen und kracht gegen einen Baum. Endlich haben sie ihn abgeschüttelt. Doch nun hat Yakari ein anderes Problem. Wie soll er wieder zum Lager der Indianer zurückfinden?

Inzwischen macht sich Kühner Blick große Sorgen. Yakari braucht ungewöhnlich lange, um Holz zu holen. Außerdem hat der Häuptling längst bemerkt, dass sich in dieser Gegend ein Unwetter zusammenbraut. Auch Kleiner Donner läuft unruhig umher. Mit seiner Schnauze stupst er Kühner Blick an. „Was ist denn los, kleines Pferd?", fragt Kühner Blick. Bestimmt heißt diese Geste, dass er dem Pony folgen soll. Tatsächlich führt Kleiner Donner ihn zu Yakaris Fährte. Sie müssen Yakari unbedingt finden, bevor es anfängt zu schneien und der Schnee die Spur verwischt.

Ihre Suche dauert die ganze Nacht und bleibt erfolglos. Sie ahnen nicht, dass der Wapiti den Jungen zu einer sicheren Höhle gebracht hat.

Als Yakari dort am nächsten Morgen erwacht, ist der Sturm vorüber. Die ganze Landschaft liegt unter einer weißen Schneedecke. Yakari seufzt: „Schade nur, dass Kleiner Donner nicht hier ist, um das auch zu sehen." Er möchte so schnell wie möglich zu seinen Leuten zurück. Da hört er ein Wiehern. Im nächsten Augenblick stehen Kleiner Donner und Yakaris Vater vor ihm. Jedoch werden sie von einem Rudel gefährlicher Wölfe verfolgt. Knurrend fletschen sie die Zähne und machen sich bereit zum Sprung. Die Wölfe wittern Beute. „Yakari, lauf schnell weg!", ruft Kühner Blick und spannt einen Pfeil in seinen Bogen. „Ich halte sie auf!" Furchtlos tritt er den Wölfen entgegen und legt mit seiner Waffe auf sie an. Doch Yakari bremst ihn. Sein Vater soll die Tiere nicht töten.

„Wir müssen dem großen Wapiti folgen", rät Yakari stattdessen.

„Du musst weg von dem Wapiti", widerspricht Kühner Blick. „Die Wölfe werden sich gleich auf ihn stürzen." „Bitte vertrau ihm, Vater! Er hat mir das Leben gerettet!" Kühner Blick gibt nach. Auf ihren Pferden flüchten sie vor den Wölfen und galoppieren dem Wapiti hinterher.

Der stoppt plötzlich. „Warum bleibst du stehen, Wapiti?", fragt Yakari verwundert. Sie dürfen auf keinen Fall anhalten. Die Wölfe kommen und werden sie jeden Moment angreifen. Doch halt! Yakari staunt. Die Wölfe bleiben auf Abstand, als wären sie sehr verunsichert. Nur einer nähert sich. Jaulend springt er zurück, als seine Füße den Boden berühren. Offenbar hat er sich die Pfoten verbrannt. Die Wölfe kehren um.
„Sie geben auf!", jubelt Kühner Blick. „Wir sind alle gerettet, Yakari!"
„Und das nur durch den Wapiti", ergänzt der junge Sioux. „Er kennt die Geheimnisse der Berge."
Sein Vater lässt sich nicht beirren: „Das verdanken wir auch dir, mein Sohn! Dir und deinem großen Wissen über die Tiere."
Yakari verabschiedet sich vom großen Wapiti. Hoffentlich werden sich ihre Wege noch einmal kreuzen.

Währenddessen untersucht Kühner Blick die Stelle, die der Wolf nicht überqueren konnte. „Yakari, sieh dir das mal an!", ruft er seinem Sohn zu und hält seine Hand dicht über die Erde. Der Boden scheint kochend heiß. Darum ist auch der Schnee hier weggeschmolzen. Die große Hitze macht robusten Pferdehufen nichts aus, doch Wölfe können sie unter ihren Pfoten nicht aushalten. „Seltsam", meint Kühner Blick. „Der Boden, der uns vom Innern der Erde und dem Feuer, das unter unseren Füßen wohnt, trennt, muss hier viel dünner sein." Yakari traut seinen Ohren nicht. Unter ihren Mokassins befindet sich ein Feuer? Zu gerne würde er es sehen. „Manchmal kommt es vor, dass es aus der Erde ausbricht", erzählt Kühner Blick. „Nur kann das sehr gefährlich sein, Yakari. Und das hier hinterlässt das große Feuer uns Menschen nach so einem Ausbruch. Diese schwarzen Steine hier suchen wir. Sieh nur!"

Diese Steine kann man sogar berühren. Sie glühen nicht mehr. Wohlig streckt sich Yakari auf dem Boden aus. Mollige Wärme strahlt auf ihn ab. Hier liegt man wirklich auf einem kuscheligen Bett aus Feuer.

Bei ihrer Rückkehr ins Dorf werden die Indianer freudig begrüßt. Yakari hat für Regenbogen ein Geschenk. „Er kommt ganz tief aus dem Innern der Erde", sagt er und überreicht seiner Freundin einen der schwarzen Steine.
Regenbogen ist ganz gerührt: „Der ist wunderschön!"
„Hast du nicht gefroren?", will Kleiner Dachs wissen. „Der Eiswind da oben muss doch gemein gewesen sein."
Da lacht Yakari: „Nein, mir war eher heiß. Sehr heiß sogar." Beim nächsten Mal will er unbedingt wieder dabei sein, wenn sein Stamm nach den schwarzen Steinen sucht. Die wundervolle Landschaft, in der das Feuer unter der Erde wohnt, wird Yakari wohl nie mehr vergessen.

SCHNEEBALL IN GEFAHR

Es ist ein schöner Herbsttag. Yakari reitet auf seinem Pony Kleiner Donner durch den Wald, um Honig zu suchen. Die Blätter haben sich schon bunt verfärbt. Bald wird der Winter hereinbrechen. „Na endlich, Kleiner Donner, siehst du, ein Bienenstock!", ruft Yakari und deutet nach oben in die Astgabel eines Baumes. Er springt vom Rücken seines Ponys und erkundet die Gegend. „Offenbar sind alle Bienen ausgeflogen", meint er. „Dann stibitz den Honig schnell, bevor sie wiederkommen", rät Kleiner Donner. Schon erklimmt der kleine Indianerjunge den Baum. Da hört er ein Brummen.

„Yakari, du bist es!", ertönt eine Stimme.

„Ach Schneeball!", antwortet Yakari erleichtert und begrüßt seinen alten Freund, den weißen Bären. Der futtert hungrig den Honig aus dem Bienenstock. Yakari erklärt ihm: „Ich suche Honig für meine Freundin Regenbogen. Sie will damit einen kranken Hasen behandeln."

Schneeball erwidert: „Ich muss mich stärken für meine Winterruhe", und frisst munter weiter. Yakari ist enttäuscht. Hier gibt es wohl keinen Honig für ihn. Aber Schneeball sagt: „Mit Freunden teile ich gerne!" Dankbar füllt Yakari die Schale, die Regenbogen ihm gegeben hat, mit dem süßen Honig und klettert den Baum wieder hinunter.

Im Unterholz hat sich währenddessen ein ungebetener Beobachter versteckt. Der Sioux Gespannter Bogen verfolgt genau, was bei Yakari und Schneeball passiert. Das seltene weiße Bärenfell will der Jäger unbedingt als Trophäe haben. Aber dazu müsste er so nah an den Bären herankommen wie der kleine Indianerjunge. Was ist bloß dessen Geheimnis? Gespannter Bogen will es herausfinden.

Nach dem Festmahl verabschiedet sich Schneeball von seinem Freund und tapst in seine Bärenhöhle zur Winterruhe. „Schön, dass wir uns noch einmal gesehen haben, Yakari", gähnt der weiße Bär.
„Träum was Schönes und danke noch mal für den Honig! Bis bald, Schneeball!", ruft Yakari ihm zu, bevor er sich mit Kleiner Donner auf den Rückweg zum Indianerlager macht. Plötzlich springt Gespannter Bogen aus dem Gebüsch und versperrt ihnen den Weg. „Bring mich zu deinem Bärenfreund, Yakari!", fordert der große Indianer. „Ich will genauso nah an ihn herankommen wie du!"
„Auf keinen Fall!", entgegnet Yakari bestimmt. Bedrohlich kommt Gespannter Bogen näher und packt Yakari am Hemd. „Sein weißes Fell kriege ich sowieso. Verrate mir das Geheimnis, wieso alle Tiere so zutraulich zu dir sind!" Yakari reißt sich los und kann auf Kleiner Donner dem wütenden Jäger entkommen.
„Warte nur, eines Tages erwische ich ihn schon …", schimpft Gespannter Bogen ihnen hinterher.

Im Indianerlager rührt Yakaris Freundin Regenbogen aus dem Honig und würzigen Kräutern eine Heilsalbe. Vorsichtig streicht sie etwas davon auf die Wunde eines kleinen Hasen, den sie verletzt in der Prärie gefunden hat. „Bald kannst du wieder hoppeln", murmelt sie dem Tierchen beruhigend zu. Und tatsächlich – am nächsten Tag flitzt der Hase munter auf einer Waldlichtung um Kleiner Donner herum. Yakari und Regenbogen sind hierhergeritten, um den Hasen in die Natur zurückzubringen. „Es geht ihm schon viel besser", freut sich Regenbogen. „Aber er kann nicht bei uns bleiben. Sonst vergisst er, wie das Leben in der Wildnis ist. Komm, mein Kleiner!" Auf ihrem Arm trägt sie den kleinen Hasen in den Wald. Yakari und Kleiner Donner warten auf sie. Irgendwann wird Yakari unruhig. „Wo bleibt sie denn nur? Das dauert viel zu lange", rätselt er.

„Reg dich nicht auf! Sie sammelt bestimmt noch Pflanzen", entgegnet Kleiner Donner und grast gemütlich weiter. Aber Yakari spürt: „Da stimmt was nicht! Los, komm, wir suchen sie!"

Gemeinsam folgen sie Regenbogens Spuren auf dem

Waldboden. Aber was ist das? Da sind ja noch mehr Fußabdrücke! Es sieht aus, als ob hier jemand gekämpft hätte. Plötzlich fällt ein Schatten auf Yakari, und als er aufblickt, steht Gespannter Bogen hämisch grinsend vor ihm. „Suchst du deine Freundin?", fragt er finster. „Ich hab sie. Bring mir den weißen Bären und sie kommt frei!" Entsetzt starrt Yakari den großen Jäger an: „Erpressung? So etwas macht doch kein Sioux! Ich werde Schneeball niemals verraten."

„Du hast keine andere Wahl, Bürschchen, sonst siehst du deine Freundin nie wieder", droht Gespannter Bogen und wendet sich zum Gehen. „Gib mir ein Zeichen, wenn du dich entschieden hast, hahaha!"

Wütend und verzweifelt bleibt Yakari mit Kleiner Donner zurück. Er steckt in der Klemme, denn er kann die Freundin nicht retten, ohne den anderen Freund zu verraten. „Bestimmt hat der Kerl Regenbogen in seinem Tipi im Wald versteckt. Da kommen wir nie rein", jammert Yakari.

„Vielleicht kann ich euch helfen", ertönt da ein Stimmchen und der kleine Hase hoppelt herbei. „Ich könnte mich in das Tipi schleichen. Mit einem Hasen rechnet er nicht und ich bin zum Glück auch nicht weiß." Yakari denkt nach. Das ist eine gute Idee, und jetzt weiß er auch, wie er seinen Freunden helfen kann. Zuerst weckt er vorsichtig Schneeball aus der Winterruhe, und als dieser die ganze Geschichte kennt, ist er sofort hellwach. Dann lockt Yakari Gespannter Bogen mit Rauchzeichen zu einer Höhle.

In der Zwischenzeit hoppelt der kleine Hase in das Tipi. Dort sitzt Regenbogen an den Händen gefesselt auf dem Boden. Rasch nagt das Tierchen ihre Fesseln durch und die kleine Indianerin ist wieder frei. Sie will sofort nach Hause laufen, aber der Hase lotst sie

in eine andere Richtung, wo Yakari sich in der Nähe der Höhle im Gebüsch versteckt hat. Schnell erklärt er der Freundin seinen Plan. Da kommt auch schon Gespannter Bogen. „Na also, hast du endlich Vernunft angenommen, Bürschchen! Zeig mir die Bärenhöhle!", fordert der große Sioux. Scheinbar niedergeschlagen deutet Yakari auf den Eingang: „Hier, das ist sie!"
„Ha, jetzt wird das weiße Fell mir gehören", freut sich Gespannter Bogen. Er merkt nicht, dass Regenbogen von einem Ast aus heimlich seine spitzen Pfeile gegen ungefährliche stumpfe austauscht. Er spannt seinen Bogen, und als Yakari Schneeball aus der Höhle lockt, schießt er sofort auf den Bären. Der sinkt scheinbar getroffen zu Boden. Gespannter Bogen rennt auf ihn zu. Da gibt plötzlich der Boden unter seinen Füßen nach. Der Jäger stürzt in die Falle, die Yakari und seine Freunde gebaut haben, und bleibt reglos liegen.

Aber die Strafe für Gespannter Bogen ist noch nicht vorbei. In der Dämmerung kommt er an einem Lagerfeuer vor seinem Tipi wieder zu sich und traut seinen Augen nicht. Vor ihm steht Schneeball und richtet sich hoch auf.

Mit dumpfer Stimme dröhnt der Bär: „Gespannter Bogen, höre auf, die Tiere mit dem weißen Fell zu jagen!"
Erschrocken schreit der Jäger auf: „Ahhh, der weiße Bär! Du bist doch tot."
„Aber mein Geist lebt!", kommt die Antwort.
„Und meiner!", tönt eine andere unheimliche Stimme.
„Und meiner!" Noch eine Stimme. Verwirrt sieht Gespannter Bogen sich um. Im Feuerschein tanzen plötzlich die weißen Felle seiner anderen Jagdtrophäen – eine Ziege, ein Wolf, ein Fuchs. Das ist zu viel für den Sioux und angstvoll ruft er: „Ja, ja, schon gut, ich werde es nie wieder tun! Ich schwöre es! Bitte habt Erbarmen, ihr Geister!" Damit läuft er Hals über Kopf davon.

Lachend kommen hinter den weißen Fellen Yakari und Regenbogen zum Vorschein.
„Ich glaube, der wagt es nie wieder, weiße Tiere zu jagen", freut sich Regenbogen.
„Wir haben es geschafft", jubelt Yakari.
„Und ich kann jetzt endlich ungestört Winterruhe halten", brummt Schneeball zufrieden.
„Dann schlaf gut!", verabschiedet sich Yakari von seinem Freund. „Wir sehen uns zum Honigschlecken im nächsten Frühling wieder."
Zufrieden reiten Yakari und Regenbogen auf Kleiner Donner wieder zurück ins Indianerlager.

Zu viel versprochen

Wo soll Yakari nur anfangen? Er möchte seiner Mutter helfen und Wasser für sie holen. Außerdem hat er Kleiner Donner einen Ausritt in die Prärie versprochen. Dem Bären hat er zugesagt, vor dessen Winterruhe noch mal mit ihm zu essen. Denn der Winter ist schon nah! Es gibt so viel zu tun und Yakari möchte seine Versprechen natürlich halten. „Das macht schließlich einen großen Sioux aus", sagt er stolz.
Kleiner Donner schüttelt seine Mähne. „Du versprichst in letzter Zeit ziemlich viel."
Yakari nickt. „Ja, also lass uns keine Zeit verlieren!"

Sie wollen gerade los, da kommt Regenbogen angerannt. „Yakari, du hast doch versprochen, mir dabei zu helfen, einen Zaun zu bauen!" Kleiner Donner schnaubt.

„Äh, ja", gibt Yakari zu. „Ich muss nur noch für meine Mutter Wasser holen, dann komme ich, versprochen!"

Kaum sind Yakari und Kleiner Donner losgeritten, taucht Kleiner Dachs neben Regenbogen auf. „Was ist los?", fragt Regenbogen. „Du siehst so enttäuscht aus."

„Na ja", antwortet Kleiner Dachs, „Yakari wollte eigentlich Bisonjagd mit mir spielen."

Irgendwo muss man ja anfangen, seine Versprechen einzulösen. Deshalb galoppieren Yakari und Kleiner Donner zu ihrem Freund, dem Grizzlybären. „Wie konntest du nur so viele Versprechungen machen!", schimpft Kleiner Donner. Auf einmal hören sie ein jämmerliches Meckern. Es kommt von einem Ast weit oben in der Baumkrone einer Eiche.

„Mähähä! Yakari", meckert eine schwarze Ziege zu ihnen herunter.
„Was machst du dort oben?", wundert sich Yakari.
„Ich wollte die letzten Eicheln abknabbern und jetzt komme ich nicht mehr runter", antwortet die Ziege.
„Wir haben's leider eilig", ruft Yakari ihr zu.
„Bitte hilf mir runter, sonst muss ich hier verhungern", fleht die Ziege.
„Ich helfe dir", sagt Yakari. „Versprochen."
„Und hopp! Schon wieder ein Versprechen", mischt sich Kleiner Donner ein. Also klettert Yakari die Eiche hinauf. Er ist fast oben, da meckert die Ziege plötzlich von unten. „Es war doch nicht so schwer. Erst bin ich auf den einen Ast, dann auf den

nächsten gesprungen und schon war ich unten." Yakari macht es ihr nach, denn Kleiner Donner drängelt: „Jetzt aber los! Sonst verpasst du die Verabredung mit dem Grizzly."

Als sie endlich zur Bärenhöhle kommen, schnarcht der Grizzly bereits. „Oh nein!", ruft Yakari enttäuscht. „Da schläft er schon." Geknickt schleicht Yakari aus der Höhle. Er konnte sein Versprechen nicht halten.

„Dann füllen wir jetzt eben den Wasserschlauch für deine Mutter", schlägt Kleiner Donner vor.

„Ja, genau!", nickt Yakari. „Nur keine Zeit verlieren." Er beugt sich über den Bach vor der Bärenhöhle und füllt den Schlauch. „Das wäre schon mal erledigt", seufzt er erleichtert. „Jetzt können wir gleich weiter zu Regenbogen und ihrem Zaun."

„Nach einem kurzen Abstecher in die Prärie", erklärt Kleiner Donner.

„Dorthin, wo dein Lieblingsgras wächst, richtig?"

„Ja", wiehert Kleiner Donner.

„Schlaf gut, Grizzly!", ruft Yakari seinem Freund noch zu. „Wir sehen uns im Frühling wieder."

Auf halbem Weg in die Prärie treffen sie Großer Grauer, das Pferd von Regenbogen und Kleiner Donners Freund. Auch Schneller Blitz ist da. „Schneller Blitz!", sagt Yakari erstaunt zu dem Pferd von Kleiner Dachs. „Ist Kleiner Dachs auch da?"

„Der hilft doch gerade Regenbogen", antwortet Schneller Blitz kauend.

Yakari erschrickt. „Oh nein! Ich komme schon wieder zu spät", jammert er und springt von Kleiner Donners Rücken.

„Kommst du, Kleiner Donner?", fragt Großer Grauer. „Wir haben dir noch etwas übrig gelassen. Hier gibt's die letzten Beeren dieses Jahres." So ein leckeres Festessen unter Freunden lässt sich Kleiner Donner natürlich nicht entgehen. Deshalb muss Yakari nun auch noch zu Fuß zu Regenbogen gehen. Er springt über Steine, klettert über Felsen und rennt über Wiesen. Endlich kommt er völlig außer Atem bei der Stelle an, an der Regenbogen den Zaun aufstellt. Er hofft so sehr, dass er noch rechtzeitig kommt, um sein Versprechen einzulösen. Aber Kleiner Dachs hat den Zaun bereits fertig gebaut.

„Danke für deine Hilfe!", sagt die kleine Indianerin.

„Regenbogen, Kleiner Dachs!", ruft Yakari von Weitem.

„Ach, Yakari! Auch schon da?", fragt Kleiner Dachs grinsend.

„Wie ich sehe, komme ich zu spät", keucht Yakari atemlos.
„Halb so schlimm", beruhigt ihn Regenbogen. „Kleiner Dachs hatte ja gerade Zeit, weil er nicht mit dir Bisonjagd spielen konnte." Yakari schlägt sich mit der flachen Hand auf die Stirn. „Das auch noch! Das hatte ich völlig vergessen."
„Weißt du, Yakari, man sollte Versprechen auch halten", mahnt Regenbogen ihn freundlich.
„Das weiß ich", stimmt Yakari ihr geknickt zu. „Es tut mir auch sehr leid."
„Ist ja gut, wir necken dich nur", lacht Kleiner Dachs beruhigend. „Aber versprich das nächste Mal vielleicht ein bisschen weniger."
Yakari verspricht es. Da lachen Regenbogen und Kleiner Dachs. Yakari kann es einfach nicht lassen.

Dann machen sich die drei auf zu Kleiner Donner, Großer Grauer und Schneller Blitz, die immer noch Beeren fressen. Unterwegs sagt Yakari: „Eigentlich wollte ich mich einfach nur nützlich machen. Erst hatte ich meiner Mutter versprochen ..." Da entdeckt Yakari den Wasserschlauch, den er über Kleiner Donners Rücken gelegt hatte. „Oh nein! Auch das noch! Der Wasserschlauch. Er hat ein Loch." Das ganze Wasser ist ausgelaufen. Geknickt setzt sich Yakari auf den Rücken seines Ponys. Langsam reiten sie zum Indianerdorf. Yakari ist traurig. „Ich habe es nicht einmal geschafft, ein Versprechen zu halten. Die Ziege ist ohne meine Hilfe vom Baum geklettert, dann sind wir zu spät zum Grizzly-Festessen gekommen. Kleiner Dachs hat Regenbogen an meiner Stelle geholfen und ich habe die Verabredung mit ihm vergessen. Außerdem hat meine Mutter noch kein Wasser und in die Prärie zu deinem Lieblingsgras kommen wir auch nicht mehr." Yakari ist so richtig zum Weinen zumute.
„Das mit dem Gras ist nicht so schlimm, Yakari. Die Prärie ist ja noch länger da", sagt Kleiner Donner mitfühlend.
„Ich bin eben unzuverlässig", seufzt Yakari.
„Unsinn, du hast einfach ein viel zu großes Herz", widerspricht Kleiner Donner.
„Ich hab mir zu viel vorgenommen."
„Ein Versprechen kannst du vielleicht noch einlösen", muntert Kleiner Donner ihn auf.

„Wie denn?", zweifelt Yakari. „Ich habe alle enttäuscht." Aber hat er nicht etwas vergessen? Kleiner Donner schnappt sich mit dem Maul einen Wasserschlauch, den jemand an die Koppel gehängt und dort vergessen hat. Er wirft ihn Yakari zu. „Der Bach ist nicht weit weg!"
„Du hast recht", nickt Yakari. „Das kann ich auf jeden Fall noch hinbekommen." Schon nicht mehr ganz so traurig springt er auf den Rücken seines Ponys.

Als sie zurückkehren, verabschiedet sich schon die Sonne mit ihrem schönsten Orangeton vom Tag. Yakaris Mutter freut sich über das Wasser und bedankt sich bei Yakari: „Es hat zwar ein bisschen gedauert, aber du hast dein Versprechen gehalten. Ich koche euch eine Elchfettsuppe, Kinder. Die mögt ihr doch alle so gern." Kleiner Dachs kann es gar nicht erwarten und leckt sich schon die Lippen.
Als Regenbogen, Kleiner Dachs und Yakari die vollen Suppenschüsseln in den Händen halten, merken sie erst, wie hungrig sie sind. Gierig schlürfen sie die leckere Suppe. „Yakari", sagt Kleiner Dachs plötzlich. „Weißt du, was sich gelohnt hat? … Dieses Versprechen zu halten."
Alle lachen, denn darüber sind sie sich einig. Und im Stillen denkt Yakari: Ab jetzt gehe ich viel, viel vorsichtiger mit meinen Versprechen um. Dann lächelt er in seine Suppenschüssel.
Denn er findet: Das ist ein guter Plan.

145

Die letzte Reise von Mondgeist

An diesem Morgen pfeift ein kalter Wind über die Prärie. Trotzdem reiten Yakari, Regenbogen und Kleiner Dachs auf ihren Pferden zur Lagerstätte von Mondgeist, einer alten Indianersquaw. Sie lebt allein am Waldrand, aber die Kinder wollen sie einladen, den kommenden Winter im Lager der Sioux zu verbringen. Auf ihr Rufen antwortet allerdings niemand. „Mondgeist wird doch bei dieser Kälte nicht spazieren gehen", wundert sich Regenbogen. „Es liegt Schnee in der Luft und dunkel wird es auch bald."
„Yakari, Regenbogen!", ruft Kleiner Dachs aufgeregt und deutet auf Fußspuren im weichen Waldboden.
„Ja, das sind die Spuren von Mondgeist. Sie kann noch nicht weit sein", stellt Yakari fest und schaut sich um. Dann schwingen sich die drei wieder auf ihre Pferde.

„Kleiner Dachs, reitest du zum Lager zurück und gibst Bescheid, dass wir Mondgeist suchen?", bittet Yakari seinen Freund.
„Klar, mach ich", antwortet Kleiner Dachs und wendet sein Pferd. „Viel Glück!"

Im Wald treffen Yakari und Regenbogen auf den kleinen Kojoten und ein Eichhörnchen. „Wisst ihr vielleicht, wo Mondgeist ist?", fragt Yakari.
„Sie ist weg", berichtet der Kojote.
„Und sie hatte es sehr eilig", fügt das Eichhörnchen hinzu.
„Wohin?", will Yakari wissen. Aber die beiden Tiere sind schon fort.
„Die scheinen es auch eilig zu haben", stellt Kleiner Donner fest. Und Yakari sieht jetzt auch, warum. Neben Mondgeists Spuren sind Pfotenabdrücke zu erkennen. „Mondgeist wird verfolgt – von einem Wolf! Wir müssen sie finden, bevor ein Unglück passiert!", ruft Yakari und die Kinder galoppieren auf ihren Pferden durch den Wald.
Da hören sie auch schon Mondgeists Stimme, die wütend tönt: „Mach, dass du wegkommst! Lass mich in Ruhe!" Mutig steht die alte Frau vor einem Baumstamm und wehrt mit einem dicken Ast verzweifelt einen hungrigen, zähnefletschenden Wolf ab.
In letzter Sekunde können Yakari und Kleiner Donner dazwischengehen und den Wolf verjagen.

147

Jetzt kommt auch Regenbogen dazu. „Mondgeist, bist du verletzt?", fragt sie besorgt und eilt zu der alten Frau.

„Mir ist nichts passiert, Regenbogen. Ich habe euch beiden mein Leben zu verdanken", antwortet Mondgeist erleichtert.

„Es ist schon spät und zu weit zurück zum Lager", stellt Yakari mit einem Blick auf den dunkler werdenden Himmel fest. „Wir müssen einen Platz zum Übernachten suchen."

Am Lagerfeuer bedankt sich Mondgeist später für die Einladung der Sioux. Sie möchte gerne den Winter im Lager verbringen, aber vorher will sie noch eine letzte Reise antreten. „Ich bin alt, meine Kräfte schwinden, das spüre ich. Aber ich möchte so gerne noch einmal den Hügel wiedersehen, auf dem ich die fernen Tage meiner Kindheit verbracht habe", erklärt sie den Kindern.

Yakari ist entsetzt: „Jetzt? Es schneit bald und die Wölfe werden immer wilder vor Hunger. Warte doch, bis es Frühling ist!"

Mondgeist verspricht zu warten. Yakari schaut noch nach den Pferden und hält dann Wache am Lagerfeuer, damit die Wölfe ihnen nicht zu nahe kommen. Aber irgendwann fallen auch ihm die Augen zu.

Im Morgengrauen wird Yakari von einem raschelnden Geräusch geweckt. Es stammt von Mondgeist. Die alte Squaw will sich trotz ihres Versprechens auf den Weg machen. Yakari will sie aufhalten, aber Mondgeist bleibt stur. „Ich kann diese Wanderung nicht aufschieben. Den halben Weg habe ich schon geschafft und ich weiß nicht, ob ich den nächsten Frühling noch erlebe!"

„Wenn du unbedingt weiterziehen willst, dann werde ich eben mitkommen", sagt Yakari bestimmt.
„Und ich auch", meldet sich Regenbogen zu Wort, die ebenfalls aufgestanden ist.
Gemeinsam mit Mondgeist reiten die Kinder nun weiter. Es ist ein weiter Weg, aber schließlich erreichen sie die Hügel, an denen Mondgeist ihre Kindheit verbracht hat. Glücklich tanzt die alte Frau wie einst als kleines Mädchen durchs Gras der Prärie und fühlt sich so sorglos wie früher. Während sich Yakari darum kümmert, ein Lagerfeuer zu entzünden, entdeckt Mondgeist viele Orte aus ihrer Erinnerung wieder.
„Seht nur!", ruft sie und deutet auf einen kleinen, von Gras und Moos überwucherten Steinhaufen. „Das ist das Tipi, das mein Vater für meine Puppe Yajita gebaut hat. Unglaublich, es ist noch da!", freut sie sich. „Und da, diese Kiefer habe ich doch gepflanzt. Meine Mutter hat mir die Samen aus dem Wald mitgebracht. Als die Kiefer schon etwas gewachsen war, habe ich hier in den Stamm mein Gesicht hineingeschnitzt." Suchend geht Mondgeist um den Baum herum. „Merkwürdig, es ist gar nicht mehr da!"
Yakari weiß die Lösung und klettert flink den Baum hinauf: „Natürlich! Hier oben ist es.

Der Baum ist ja weitergewachsen." Als sich Yakari in luftiger Höhe umsieht, macht er plötzlich eine Entdeckung und warnt sofort Mondgeist und Regenbogen: „Ah, die Wölfe, ein ganzes Rudel! Sie sind uns gefolgt! Schnell, zurück ans Feuer!" Schon stürmt die wild heulende Meute heran. Yakari schwenkt einen brennenden Ast und Kleiner Donner versetzt dem Leitwolf einen kräftigen Huftritt. So können sie die Wölfe zunächst verscheuchen. „Puh, die sind wir erst mal los!", ist Yakari erleichtert. „Aber wir dürfen nicht bleiben!" Mondgeist weiß Rat: „Dort in dem Berg ist eine Höhle, in der ich als Kind immer gespielt habe. Da sind wir in Sicherheit."

Schnell führen sie die Pferde hinein. Aber so leicht lassen sich die Wölfe nicht abschütteln. Laut knurrend rennen sie erneut auf die Höhle zu. Schnell legt Yakari zwei brennende Äste vor den Eingang. „Solange das Feuer brennt, werden sie nicht reinkommen", sagt er.

„Aber die Fackeln werden nicht lange halten, wir brauchen unbedingt mehr Holz. Ich werde mit Kleiner Donner Hilfe holen."

Regenbogen und Mondgeist sind besorgt, aber Yakari beruhigt sie: „Habt keine Angst, ich schaffe das!"

So rasant prescht er mit Kleiner Donner los, dass die Wolfsmeute erschrocken auseinanderfährt. Sofort heften sich ein paar Wölfe an ihre Fersen, während die anderen weiter den Eingang bewachen. Pfeilschnell galoppiert Kleiner Donner durch den Wald. Ihm scheint die wilde Jagd sogar Spaß zu machen. „Hab keine Angst, Yakari! Gleich sind wir in der Prärie. Da haben sie keine Chance, mich einzuholen!", ruft das Pony und läuft noch schneller. Da versperrt ihnen ein umgestürzter Baumstamm den Weg. Kleiner Donner meistert den Sprung, aber Yakari kann sich nicht auf dem Rücken seines Ponys halten und stürzt zu Boden. Schon kommen die Wölfe heran und kriechen durch eine Lücke unter dem Baumstamm auf den kleinen Sioux zu. Schützend bäumt sich Kleiner Donner vor ihm auf, als plötzlich ein Pfeil durch die Luft surrt und genau vor der Nasenspitze eines Wolfes im Boden landet. Wütend flüchten er und seine Gefährten.

Yakari erkennt seinen Vater Kühner Blick und Kleiner Dachs, die ihnen zu Hilfe geeilt sind. Sie haben sich voller Sorge auf die Suche nach den Kindern und Mondgeist gemacht. „Bist du wohlauf, mein Sohn?", erkundigt sich Kühner Blick.

„Ja, aber Mondgeist und Regenbogen – wir müssen sie retten!", antwortet Yakari.

Keine Minute zu spät machen sie sich auf den Weg. Es hat begonnen zu schneien und die Fackeln vor der Höhle sind fast erloschen, als Yakari Mondgeist und Regenbogen wiedersieht. „Keine Angst, die Wölfe sind weg!", beruhigt er die beiden.

„Ein Wunder!", seufzt Mondgeist erleichtert. „Ich bin so froh, diese letzte Reise gemacht zu haben. Und dank eurer Hilfe ist sie gut ausgegangen. Jetzt kann ich es kaum erwarten, den Winter bei eurem Stamm zu verbringen. Und im nächsten Frühling werde ich wieder meinen Hügel besuchen. Ich bin wohl doch noch nicht ganz so alt. Meine Kräfte sind zurückgekehrt", freut sich die alte Squaw.

Dann reiten alle gemeinsam durch den leise fallenden Schnee ins sichere Lager zurück. Die Wölfe müssen sich eine andere Beute suchen.

WINTER

Es ist ruhig geworden im Wald und der Prärie. Viele Tiere haben sich in einen sicheren Unterschlupf zurückgezogen, um sich vor Schnee und eisiger Kälte zu schützen.
Zum Glück trägt Yakari Mokassins, die seine Füße immer schön warm halten. So kann er auch im Winter immer noch die Landschaft genießen und mit Kleiner Donner durch die Prärie reiten.
Bei jedem Ausritt muss der junge Sioux jedoch vorsichtig sein. Wenn ihn ein Schneesturm überrascht, kann er schnell die Orientierung verlieren und sich verirren.

Doch Yakari mag den Winter, besonders wenn Sonnenstrahlen die weiße Landschaft so wundervoll glitzern lassen. Jetzt kann der kleine Indianer mit seinen Freunden eine Schneeballschlacht machen oder auf Tierfellen verschneite Hügel hinabrodeln. Yippie!

GEMÜTLICHE HÖHLE

Bären wie Schneeball halten Winterruhe. Dazu ziehen sie sich in Höhlen zurück. In welchem Unterschlupf würdest du dich viele Wochen wohlfühlen? Baue ein solches Versteck einfach mal bei dir zu Hause nach, zum Beispiel aus vielen Kissen und Decken. Je gemütlicher, desto besser.

SPUREN IM SCHNEE

Yakari ist ein hervorragender Fährtenleser. Er erkennt sofort, ob ein Hase durch den Schnee gehoppelt ist oder ein anderes Tier. Kannst du für ihn eine Spur legen? Suche dir im Freien eine verschneite Fläche. Überlege dir, wie der Pfoten- oder Fußabdruck aussehen soll, und zeichne ihn dann mehrmals in den Schnee. Natürlich kannst du auch nach echten Spuren Ausschau halten und überprüfen, ob du die Tiere in deiner Umgebung kennst. Ist hier ein Hund vorbeigekommen oder gehören die Abdrücke einer Katze? Viel Spaß!

Die Schlittenwölfe

Kleiner Donner ärgert sich. Regenbogen und Yakari sollen Winterbrennholz sammeln. Und wer muss das schwere Holz auf einem Gestell nach Hause ziehen? Genau, Kleiner Donner! Dabei ist er nun wirklich kein Lastesel, sondern ein Pony. Da tut man einem Menschen einen Gefallen und lässt ihn auf sich reiten, schon nutzt er das schamlos aus.

„Das Holz hier reicht nicht aus", findet Regenbogen. „Wir müssen woandershin."

Die Kinder suchen in der Nähe der Himmelshörner weiter. Das sind Felsen, die wie einzelne Säulen in den Himmel aufragen. Kleiner Donner trottet missmutig hinterher.

Ihr Weg führt sie mitten in die Felsgruppe hinein, bis Regenbogen bemerkt: „Wir sind schon viel zu weit vom Indianerdorf entfernt und Holz gibt es hier auch kaum."
Aber es ist schon zu spät. Kleiner Donner wiehert ängstlich. Erst jetzt bemerken die Kinder, dass sich ein Gewitter zusammenbraut. Dunkelgraue Wolken schieben sich vor die Sonne. Da zuckt der erste Blitz über den Himmel.
„Immer wenn Kleiner Donner Angst hat, kommt ein Gewitter", sagt Yakari.
Sie möchten umkehren und zurück nach Hause laufen. Doch in diesem Moment schlägt der Blitz in eine Gesteinssäule vor ihnen ein und riesige Felsbrocken hageln auf sie herab. Im letzten Augenblick retten sie sich in eine Höhle unter einem Felsvorsprung.

Als sie sich wieder hinauswagen, versperren ihnen riesige Felstrümmer den Weg. Oh nein, wie sollen sie jetzt bloß ins Tal zurückkommen? Sie müssen einen anderen Weg finden. „Und ich dachte, die Zwangsarbeit hätte endlich ein Ende", murrt Kleiner Donner.
Auf der anderen Seite liegt nur Geröll. Mittendrin steht ein Wapiti. Das ist eine große Hirschart, die im Land der Sioux lebt. Der Wapiti bewegt sich nicht, obwohl er sehr scheu ist. Und dann kommt es noch schlimmer: Plötzlich tauchen Wölfe auf. Hungrige Wölfe, die sich knurrend auf den Wapiti zubewegen. Er läuft immer noch nicht weg. Da begreift Yakari endlich: „Sein Bein steckt zwischen den Felsbrocken fest."
Mit einem großen Sprung landet Yakari inmitten des Gerölls. Schützend stellt er sich vor den Wapiti. „Misch dich nicht ein!", warnt ihn der Wolf, der in Angriffshaltung vor dem Wapiti steht. „Greif an!", ruft er seinem Weibchen zu, das hinter dem Wapiti lauert. Sie springt los. Der Wapiti schlägt mit seinen Hinterbeinen aus und schleudert die Wölfin weg. In diesem Moment setzt der Wolf zum Sprung an.
„Vorsicht!", ruft Yakari und wirft sich vor dem Wapiti auf den Boden. Der Wapiti fängt den Wolf mit seinem mächtigen Geweih auf und wirft ihn mit einer schnellen Kopfbewegung hinter sich. Jaulend landet der Wolf neben seiner Gefährtin. Doch da ist noch einer. Ein ganz kleiner, ein Welpe. Er möchte seinen Eltern helfen und beißt den Wapiti in das rechte Bein. Eine Sekunde später hat das große Tier das Wölfchen überwältigt und es hängt in seinem Geweih fest. „Rührt mich nicht an!", warnt der Wapiti die Wölfe. „Oder ihr seht den Kleinen nie wieder!"

Die Wolfseltern winseln.

Yakari ruft: „Nein, er ist noch ein Baby!" Zunächst regt sich der Wapiti nicht. Aber schließlich senkt er den Kopf und lässt das Wolfsbaby in Yakaris Arme fallen. „Danke, Wapiti", sagt Yakari erleichtert. Nun endlich lösen Regenbogen und Yakari mithilfe einer Stange den Gesteinsbrocken, der den Wapiti festhält.

„Das Bein ist nur verstaucht, nicht gebrochen", stellt Regenbogen fest. „Aber es wird eine Weile dauern, bis er wieder laufen kann."

Regenbogen möchte auch dem verletzten Wolf helfen, doch der knurrt sie drohend an. Sie traut sich nicht zu ihm. „Komm mal her!", bittet sie Yakari. „Der Wolf hier ist sehr stark verletzt, aber er lässt mich nicht an sich heran."

„Wir wollen dir doch nur helfen", versucht Yakari, das aufgeregte Tier zu beruhigen.

„Und wer sagt mir, dass das wahr ist?", fragt der Wolf.

„Da musst du uns einfach vertrauen", antwortet Yakari.

Bis Regenbogen die Wunde des Wolfes schließlich versorgt hat, ist es Abend geworden. Yakari macht ein Feuer in der Höhle unter dem Felsvorsprung. Dort müssen sie übernachten. Es wäre einfach zu gefährlich, in der Dunkelheit den Weg zurück ins Dorf zu suchen. Der Wapiti liegt neben Regenbogen, Kleiner Donner zwischen ihr und Yakari. Nur die Wölfe haben sich etwas abseits hingelegt. Kleiner Donner, der fürchterliche Angst vor Wölfen hat, fragt: „Aber wir verbringen doch nicht etwa die Nacht zusammen mit hungrigen Wölfen?"

„Die machen nichts", versichert Yakari. „Bleibt am Feuer und überlasst das mir!" Dann steht er auf und füttert die Wolfsfamilie mit etwas Dörrfleisch, das er noch in seiner Tasche findet. Indianer trocknen Fleischstreifen an der frischen Luft. So hält das Fleisch auch viele Tage, wenn es warm ist. „Das sollte bis morgen früh reichen."

Doch am nächsten Morgen erwachen die Wölfe noch hungriger, als sie am Abend zuvor eingeschlafen sind. Weil auch ihnen der Weg ins Tal versperrt ist, sehen sie nur eine Möglichkeit, ihren Hunger zu stillen: den Wapiti zu fressen. Zum Glück hat Yakari noch seine letzten zwei Streifen Dörrfleisch. Aber wie lange wird er den Wapiti noch beschützen können? Ihm muss ganz schnell etwas einfallen! Aber was? Plötzlich sagt der Wapiti: „Es gibt noch einen anderen Weg ins Tal. Ich würde ihn euch zeigen, wenn die Wölfe versprechen, mir nichts zu tun."

„Wie denn?", höhnt der Wolf. „Er kann ja überhaupt nicht laufen."

Doch Yakari hat längst eine Idee. Wenn sie tatsächlich das Tal erreichen möchten, müssen alle zusammenarbeiten. Zuerst legen sie den Wapiti auf das Holzgestell, das eigentlich für das Winterholz gedacht war. „Du hast recht, Yakari. Es eignet sich auch gut als Schlitten", freut sich Regenbogen.

Doch so sehr sich Kleiner Donner anstrengt, er schafft es nicht, den schweren Wapiti alleine zu ziehen. Yakari sieht die Wölfe auffordernd an. „Oh nein!", knurren sie. „Wir werden diesen Schlitten nicht ziehen. Wir sind doch keine Pferde oder Hunde."
„Also gut", zuckt Yakari mit den Schultern. „Wenn ihr hier verhungern wollt ..."

So lassen sich die Wölfe doch noch überreden, den Schlitten zu ziehen. Zusammen mit Kleiner Donner, der schon wieder mault: „Wir wollten nur Holz sammeln und jetzt spiele ich Schlittenhund mit zwei Wölfen." Gemeinsam ziehen sie den Hirsch und das Wolfskind über den engen Pfad in Richtung Tal.

Aber auf einmal rutscht das Wolfsbaby vom Schlitten und droht über die Felskante hinunterzustürzen. Der Wapiti reagiert blitzschnell. In letzter Sekunde fängt er mit seinem Geweih den Kleinen, bevor der in die Tiefe stürzt. Alle sind sehr erschrocken. Jetzt endlich sehen die Wolfseltern den Hirsch nicht mehr als Beute und die Wolfsmutter sagt: „Wir stehen tief in deiner Schuld, Wapiti."

Weil die Kinder am Abend nicht zurück ins Dorf gekommen sind, machen sich Kühner Blick und Der-der-alles-weiß gleich am nächsten Tag auf die Suche nach ihnen. Auf einmal sehen sie die Kinder am oberen Ende des Tals. „Wie sind sie nur zu den Schlittenhunden gekommen?", wundert sich Kühner Blick.

Inzwischen verabschieden sich die Wölfe von Yakari. „Danke, dass du uns gerettet hast."
„Der Wapiti hat uns gerettet", entgegnet Yakari.
„Wenn sich unsere Wege wieder kreuzen, verschonen wir dich", versprechen die Wölfe dem Wapiti.
„Ihr seid die nettesten Wölfe, die mir jemals begegnet sind", antwortet er.
Der-der-alles-weiß verspricht dem Wapiti auch etwas: „Bald wird deine Wunde verheilt sein und du wirst gehen können wie früher."
Yakari freut sich, einen neuen Freund – nein –, vier neue Freunde gefunden zu haben. Und Kleiner Donner? Der hat sich heimlich aus dem Staub gemacht.

Der Winter naht

Es ist kalt geworden in der Prärie. Die Bäume verlieren ihre letzten Blätter und die Pferde finden kaum noch etwas zu fressen.

„Die große Kälte naht", sagt Der-der-alles-weiß. „Wir müssen so schnell wie möglich das Grüne Tal erreichen. Die Frage ist nur – wie!"

Kühner Blick meint: „Uns bleibt nur der Weg über die Berge."

„Aber die Berge sind voller Gefahren", entgegnet Schnelle Schildkröte und weist auf die schneebedeckten Berggipfel. „Wie sollen die älteren Stammesmitglieder diesen Weg bewältigen?"

„Es wird nicht einfach werden", stellt Kühner Rabe fest. „Unter dem brüchigen Eis sind tiefe Felsspalten verborgen."

Der-der-alles-weiß erwidert: „Das stimmt. Aber uns bleibt keine andere Wahl. Der Rat der Weisen wird zwei Späher auswählen. Sie sollen losziehen, um den einfachsten Weg in das Grüne Tal zu finden."

Yakari horcht auf. Er würde alles dafür geben, wenn er einer der Späher sein könnte!

Was für ein Abenteuer, bei Eis und Kälte durch die Berge zu ziehen und den besten Weg für den Stamm zu suchen! Doch als sein Vater von der Beratung zurückkommt, erlebt Yakari eine Enttäuschung: Der Rat der Weisen hat Yakaris Vater und den Jäger Kühner Rabe zu Spähern bestimmt.
„Und ich?", fragt Yakari enttäuscht. „Darf ich nicht mit?"
„Nein, mein Sohn", erwidert Kühner Blick. „Gedulde dich! Eines Tages wirst auch du dem Stamm helfen, den richtigen Weg zu finden."

Aber das ist für Yakari nur ein schwacher Trost. Als sich die Späher kurz darauf mit ihren Pferden auf den Weg in die Berge machen, blickt Yakari ihnen noch lange nach. Wenn er doch nur mit ihnen ziehen könnte!
In der kommenden Nacht schläft Yakari unruhig. Im Traum erscheint ihm sein Totem Großer Adler. „Viele Gedanken gehen durch deinen Kopf, Yakari", stellt Großer Adler fest.
Yakari erwidert: „Mein Stamm braucht Hilfe, um den leichtesten Weg in das Grüne Tal zu finden!"
„Und du möchtest dabei helfen", sagt Großer Adler. „Jene, die die Berge am besten kennen, werden dir den Weg weisen."
„Jene?", ruft Yakari. „Wen meinst du damit, Großer Adler?" Doch da hat sein Totem schon seine mächtigen Schwingen ausgebreitet und fliegt höher und höher in den Himmel hinauf …
Als Yakari am nächsten Morgen aufsteht, begegnet ihm als Erstes Schnelle Schildkröte.
„Guten Morgen, Schnelle Schildkröte!", begrüßt er sie. „Was würdest du sagen – wer kennt die Berge am besten?"

Schnelle Schildkröte erwidert: „Die Tropfen des Regens und der Wind, der um die Gipfel der Berge streicht."
„Und sonst?", hakt Yakari nach.
„Es gibt auch einige Tiere, die sich in den Bergen gut auskennen", erwidert die Indianerin.
Natürlich! Darauf hätte Yakari auch selbst kommen können.
„Danke, Schnelle Schildkröte!", sagt er. Nun stattet Yakari seiner Freundin Regenbogen einen Besuch ab. „Was meinst du?", fragt er sie. „Welche Tiere kennen die Berge am besten?"
Regenbogen muss nicht lange nachdenken. „Ich würde sagen, die Bergziegen", antwortet sie.
„Na klar!", ruft Yakari. „Die Bergziegen! Die muss ich finden!" Noch ehe Regenbogen etwas erwidern kann, ist Yakari schon davongelaufen. Eilig packt er seine Sachen zusammen und macht sich mit Kleiner Donner auf den Weg.

Kleiner Donner ist von Yakaris Plänen nicht gerade begeistert. Zögernd trägt er den Indianerjungen in die Berge. „Du willst wirklich die Bergziegen um Rat fragen?", erkundigt sich Kleiner Donner unterwegs. „Sieh doch nur, wie riesig das Gebirge ist! Wie sollen wir die Ziegen da jemals finden?" Aber Yakari hat sich fest in den Kopf gesetzt, den besten Weg für seinen Stamm zu finden. Beharrlich reitet er weiter. Trotz seiner Zweifel klettert Kleiner Donner höher und höher in die Berge hinauf. Hier oben ist es bitterkalt.
Nach einer Weile entdeckt Yakari ein Murmeltier. „Hallo Murmeltier!", ruft Yakari. „Mein Name ist Yakari und ich suche den Weg in das Grüne Tal."
Das Murmeltier erwidert: „Da kann ich dir leider nicht helfen. In diesem Tal war ich noch nie."
„Schade", meint Yakari. „Aber sag mal – weshalb machst du keinen Winterschlaf?"
„Ich bin noch auf der Suche nach einem gemütlichen Winterquartier", erklärt das Murmeltier und gähnt.

„Weißt du vielleicht, wo wir die Bergziegen finden können?", fragt Yakari weiter. „Klar!", antwortet das Murmeltier. „Ich kann euch hinbringen!"
Yakari und Kleiner Donner folgen dem Murmeltier. Bald kommen sie in eine Gegend, in der schon Schnee liegt. Der Weg in die Höhe wird immer beschwerlicher. Plötzlich hören sie das Meckern von Ziegen. „Die Ziegen müssen ganz in der Nähe sein", vermutet Yakari. Doch vor ihnen ragt eine steile Felswand in die Höhe. „Ich klettere ohne dich rauf", sagt Yakari zu seinem Pony.
„Sei vorsichtig!", ruft Kleiner Donner ihm noch nach. Aber der kleine Sioux ist schon abgestiegen und klettert hinter dem Murmeltier her.
Oberhalb der Felswand erstreckt sich eine weite Eisfläche. Das Meckern der Ziegen ist nun deutlich zu hören. „Gleich sind wir bei ihnen!", verkündet Yakari und stürmt an dem Murmeltier vorbei.
„Bleib stehen!", warnt das Murmeltier. „Da vorne ist eine Felsspalte!" Doch zu spät: Schon gibt die Eisdecke unter Yakaris Füßen nach und der kleine Sioux fällt in eine tiefe Felsspalte hinunter! „Yakari?!", ruft das Murmeltier besorgt und klettert flink hinterher.

Der kleine Sioux ist in einer riesigen Eishöhle gelandet. Überall hängen glitzernde Eiszapfen. Zum Glück hat sich Yakari bei seinem Sturz nicht wehgetan. Aber wie soll er hier je wieder herauskommen? Es ist unmöglich, die steile Felswand hinaufzuklettern.
„Da hinten fällt Licht in die Höhle", sagt das Murmeltier. „Dort finden wir bestimmt einen Ausgang."
Zitternd vor Kälte folgt Yakari dem Murmeltier. Und wirklich: Eine kleine Öffnung führt ins Freie! Yakari robbt auf dem Bauch hindurch – und traut seinen Augen kaum: Auf dem Felsplateau vor ihnen steht die gesuchte Ziegenherde! „Guten Tag, Yakari!", ertönt eine bekannte Stimme.

Sie gehört einer alten Freundin von Yakari – der Ziege Gebrochenes Horn.
Der Indianerjunge erzählt, weshalb er hier ist.
„Ich kann dir den Weg ins Grüne Tal zeigen", sagt Gebrochenes Horn.
„Und ich hab auch gefunden, was ich gesucht habe", meint das Murmeltier und macht es sich in einer Felsnische gemütlich. Ein schöneres Winterquartier hätte es sich nicht wünschen können. Und so ist es kurz darauf tief und fest eingeschlafen.

Yakari und Gebrochenes Horn machen sich auf den Weg. Zuerst trägt die Ziege den Indianerjungen zu Kleiner Donner, der sich schon große Sorgen gemacht hat. Dann zeigt die Bergziege den Freunden eine Stelle zwischen den Felsen, an der die Indianer gefahrlos ins Grüne Tal gelangen können. „Vielen Dank, Gebrochenes Horn", sagt Yakari.
„Seht nur!", ruft Kleiner Donner in diesem Moment. „Dort drüben reiten die Späher!"
In einiger Entfernung ziehen Kühner Blick und Kühner Rabe mit ihren Pferden durch den Schnee. Als die Späher Yakari und Kleiner Donner sehen, reiten sie zu ihnen herüber.
„Was machst du denn hier, Yakari?", fragt Kühner Blick.
„Ich habe den Weg ins Grüne Tal gefunden", berichtet Yakari. „Seht nur!"
Er zeigt den Männern die Stelle, zu der die Ziege ihn geführt hat. Kühner Blick schaut seinen Sohn ernst an. „Was du getan hast, war sehr unvorsichtig", sagt er. „Aber du hast uns auch sehr geholfen. Denn jetzt, da wir den Weg kennen, ist unser Stamm gerettet."
Kurz darauf kehren die Späher zusammen mit Yakari und Kleiner Donner ins Indianerdorf zurück. „Wir haben einen sicheren Weg in das Grüne Tal gefunden", berichtet Kühner Blick. „Das verdanken wir Yakari."
„Und Kleiner Donner", ergänzt Yakari schnell. Er ist sehr stolz und freut sich schon auf viele neue Abenteuer mit seinem Pony!

Yakari und der Sasquatch

Im Winter verbringen die Kinder gerne Zeit im Zelt von Stiller Fels. Der alte Indianer kennt so viele spannende Geschichten. Auch jetzt knistert in seinem Tipi ein Lagerfeuer, um das sich Yakari, Regenbogen und Kleiner Dachs versammelt haben.

„Fang schon an, Stiller Fels!", bettelt Regenbogen. „Spann uns nicht länger auf die Folter!" Auch Yakari rutscht ungeduldig hin und her und sagt: „Du hast uns versprochen, dass du uns die Geschichte vom Sasquatch erzählst."

Endlich beginnt Stiller Fels zu erzählen: „Es war einmal ein Jäger namens Hitziger Wolf. Er träumte davon, einen überaus schlauen Bären zu fangen. Dieser Bär hieß Lange Schnauze. Aber die Jagd des Indianers blieb erfolglos. Irgendwann bat Hitziger Wolf den Großen Geist, ihn in einen Bären zu verwandeln, damit er Lange Schnauze täuschen konnte. Doch als Lange Schnauze diesen seltsamen Bären auf zwei Beinen und mit einer Lanze sah, flüchtete er tief in den Wald. So tief, dass es Hitziger Wolf niemals gelang, ihn zu fangen.

Seitdem war Hitziger Wolf zu einem Dasein des Jammers verdammt. Er war halb Mensch, halb Bär und man nannte ihn Sasquatch."

„Wieso hat der Große Geist ihn nicht in einen Menschen zurückverwandelt?", will Yakari wissen.

Stiller Fels seufzt: „Er wollte den Jäger wohl einfach lehren, dass man die Natur niemals zum Narren halten darf."

„Pah!", ruft Kleiner Dachs. „Das ist doch nur eine Legende. Niemand kann ernsthaft glauben, dass es irgendwo da draußen einen Bärenmenschen gibt."

Doch Stiller Fels sieht das anders. In jeder Legende steckt auch immer ein Fünkchen Wahrheit und eine Botschaft, die etwas lehren möchte.

Die Geschichte lässt den Kindern keine Ruhe. Als sie später das Zelt des alten Indianers verlassen, horcht Regenbogen auf. Ein seltsames Heulen liegt in der Luft und jagt ihr einen Schauer über den Rücken. Ob das womöglich der Sasquatch ist?

„Ach, du Angsthase", lacht Kleiner Dachs. „Das ist doch nur das Rauschen des Windes." Vor dem Wesen aus einer Legende wird er sich gewiss nicht fürchten.

Am nächsten Tag stapft Kleiner Dachs mutig voraus in den verschneiten Wald, um Holz zu sammeln. Regenbogen sieht ihm nach und wendet sich an Yakari. „Glaubst du, es gibt den Sasquatch wirklich?", fragt sie.

Yakari antwortet: „Wenn es ihn wirklich gibt, würde ich ihm gern begegnen. Ich bin sicher, er ist gar nicht böse."

Da ertönt ein Schrei und Kleiner Dachs rennt aufgeregt aus dem Wald zu seinen Freunden. „Ich habe den Sasquatch gesehen!", ruft er und geht zitternd hinter Kleiner Donner in Deckung.

„Er ist riesengroß und ganz behaart!"
„Willst du uns etwa auf den Arm nehmen?", entgegnet Yakari ungläubig. Doch Kleiner Dachs bleibt dabei. Im Wald, direkt bei dem umgeknickten Baumstamm, ist er dem Bärenmenschen begegnet. Ängstlich flitzt Kleiner Dachs zurück ins Dorf.

Yakari dagegen macht sich auf die Suche. Tatsächlich findet er neben dem Baumstamm im Schnee riesige Fußspuren. Gemeinsam mit Kleiner Donner und Regenbogen verfolgt er sie. Der Schnee liegt sehr hoch. „Wenn jemand so riesige Füße hat, muss er unglaublich schwer sein", überlegt Yakari. „Trotzdem sind die Abdrücke nicht sehr tief."
„Was es auch ist: Barfuß im Schnee herumzulaufen macht ihm nichts aus", sagt Regenbogen. Als sie eine Schlucht erreichen, müssen sie eine Brücke aus Eis überqueren. Regenbogen zögert: „Diese Eisbrücke sieht aber nicht sehr stabil aus." Doch Yakari ignoriert ihre Warnung und wagt sich voran. Plötzlich hören sie ein lautes Brüllen. Da! Hinter einem Fels taucht eine haarige Gestalt auf und reckt drohend die Arme in die Luft. Das kann nur der Sasquatch sein!
In diesem Moment knackt es. Ein Riss zieht sich durch das Eis, direkt unter Yakaris Füßen. „Die Brücke stürzt ein!", ruft der junge Sioux.

Sekunden später gibt der Untergrund nach und Yakari fällt in die Tiefe. Zum Glück ist Kleiner Donner zur Stelle. Im letzten Augenblick kann er Yakaris Ärmel mit den Zähnen greifen. Geschickt zieht er seinen Freund wieder auf sicheren Boden. Der kleine Indianer ist gerettet, doch der Sasquatch ist verschwunden. „Seltsam", meint Yakari. „Ich hatte den Eindruck, als wollte er uns vor der Eisbrücke warnen." Zu gerne würde er weiter nach dem Bärenmenschen suchen, aber es ist schon spät. Sie sollten lieber ins Dorf zurückkehren. In der Dunkelheit ist es in den Bergen viel zu gefährlich.

Auf dem Heimweg gerieten sie jedoch in einen heftigen Schneesturm. Die Kinder ducken sich in den Windschatten von Kleiner Donner, um im dichten Flockenwirbel überhaupt vorwärtszukommen. Regenbogen fröstelt, nicht nur wegen der Kälte. Diese Gegend ist ihr gar nicht geheuer. „Hier wohnt bestimmt der Sasquatch", sagt sie mit zittriger Stimme. „Er wird uns ganz sicher fressen."

„Hab keine Angst, Regenbogen", beruhigt Yakari sie. „Wir schaffen das schon."

Da hören sie erneut ein Brüllen.

Auf einem Felsen steht die haarige Gestalt und rudert mit den Armen. „Verschwindet von hier!", ruft der Bärenmensch. „Eine Lawine! Achtung!" Yakari und seine Freunde reagieren sofort. Unter einem Felsvorsprung gehen sie in Deckung, als die Schneemasse donnernd herabrauscht und alles unter sich begräbt. Auch der Sasquatch wird vom rutschenden Schnee mitgerissen. Kaum ist die Lawine vorüber, hält Yakari nach ihm Ausschau. Doch er kann den Bärenmenschen nirgends entdecken. „Dieser Sasquatch ist gar nicht böse", sagt Yakari nachdenklich. „Er war es nämlich, der uns das Leben gerettet hat."

„Und zwar schon zum zweiten Mal", ergänzt Kleiner Donner. „Er hat uns doch vorhin bei der Eisbrücke gewarnt." Nanu, was liegt denn da? Aus dem Schnee zieht Yakari eine riesige geschnitzte Sohle aus Rinde. Auch Kleiner Donner macht eine Entdeckung. Mit seinen Hufen gräbt er eine Holzmaske aus, die einem Bärenkopf ähnelt. Nun sehen sich alle verwundert an. Bedeutet das etwa, es gibt gar keinen Sasquatch?

„Kinder! Ich bin hier!", ertönt da plötzlich eine Stimme. Nicht weit entfernt treffen sie auf Stiller Fels. Sein Bein ist unter einem Baumstamm eingeklemmt.

„Unser Sasquatch ist also Stiller Fels", begreift Yakari. Gemeinsam mit Kleiner Donner stemmt er sich gegen den Baum, um den alten Indianer zu befreien.

Dieser wirkt sehr niedergeschlagen. Bei seinem Streich hätte so viel passieren können. Ziemlich kleinlaut gesteht er: „Dabei wollte ich nur, dass ihr ein tolles Abenteuer erlebt und wieder an die alten Legenden glaubt, die für unseren Stamm so überaus wichtig sind."

Auf Kleiner Donner bringen die Kinder den geschwächten Indianer zurück ins Dorf. Abends versammeln sie sich in seinem Zelt. Auch Kleiner Dachs sitzt nun wieder mit am Lagerfeuer. „Ich wusste ja gleich, das war nur ein Scherz", behauptet er. „Ihr hattet richtig Angst. Aber ich habe die ganze Zeit nur so getan." Doch als Regenbogen sich die Bärenmaske aufsetzt und ein lautes Knurren ausstößt, zuckt Kleiner Dachs gewaltig zusammen. Yakari und die anderen kichern. So furchtlos, wie er vorgibt, ist Kleiner Dachs nun wirklich nicht.

Dann meint Stiller Fels bedrückt: „Dabei habe ich mich selbst auch nicht an Sasquatchs Lektion gehalten. Man soll nie versuchen, etwas anderes zu sein, als man wirklich ist!"

„Ja", stimmt Yakari ihm zu und erinnert sich an die Botschaft der Legende. „Man darf die Natur niemals zum Narren halten!" Doch Stiller Fels hat noch etwas auf dem Herzen.

„Ich hoffe, ihr seid mir jetzt nicht böse", sagt er.

„Natürlich nicht, Stiller Fels", entgegnet Regenbogen. Yakari fügt lachend hinzu: „Du bist ein Schlitzohr. Das liegt einfach in deiner Natur. Auch wenn deine Streiche nicht immer ganz gelungen sind." Jetzt muss auch der alte Indianer lachen. Als Bärenmensch wird er sich bestimmt nie wieder verkleiden.

Im Land der Wölfe

Der Winter hat eine weiße Decke über die Landschaft gebreitet. Kleiner Donner sieht dabei zu, wie Yakari und Regenbogen auf Tierfellen einen verschneiten Hang hinabsausen. Unten angekommen warten sie auf Kleiner Dachs. Wo bleibt er nur? Hat er etwa Angst? „Dass ich nicht lache", ruft Kleiner Dachs. „Ihr zwei seid da wie flügellahme Enten heruntergeschlittert. Ich will schnell sein wie ein Pfeil. Macht es gut, ihr Schnecken!" Lachend wendet er sich einem Hang zu, der noch viel steiler ist. Schon saust er los, schießt über einen Abhang und landet direkt in einer Tanne. Aua! Dieser Sturz hat bestimmt wehgetan. Yakari und Regenbogen hören lautes Heulen. Ist das Kleiner Dachs? Nein, so schaurig heulen nur Wölfe. Erschrocken flieht Kleiner Donner ins Indianerdorf.
„So ein Feigling!", sagt Kleiner Dachs.
„Kleiner Donner ist kein Feigling", verteidigt Yakari sein Pony. „Er hat nur Angst vor den Wölfen."
„Aus gutem Grund", behauptet der Krieger Unruhiger Wolf, den das Heulen der Wölfe anlockt. „Die Tiere haben bessere Instinkte. Weit bessere als wir jämmerlichen, schwachen Menschen. Aber diesmal werde ich ihn erwischen!" Er zückt seine Waffe.
„Soll ich dir vielleicht suchen helfen?", möchte Yakari wissen.

„Kommt nicht infrage", wehrt Unruhiger Wolf das Angebot ab. „Lauft schon! Und sagt dem Stamm, dass die Wölfe da sind. Das hier geht nur uns etwas an – die Wölfe und mich!" Laut schreiend rennt er los und folgt den Spuren im Schnee.

Die Kinder sehen ihm verdutzt nach. Warum schreit er so? Yakari kann dieses sonderbare Verhalten von Unruhiger Wolf nicht verstehen.

„Völlig übergeschnappt", stöhnt auch Kleiner Dachs.

„Das Feuer der Wut hat seinen Geist verbrannt", meint Regenbogen. Dann erzählt sie eine Geschichte, die sie vom Medizinmann erfahren hat. Sie handelt von der ersten Begegnung zwischen Unruhiger Wolf und einem grimmigen Wolf, dem Anführer eines Rudels.

„Der riesige Wolf sprang ihn an und nur mit großer Mühe schlug der Indianer ihn in die Flucht. Unruhiger Wolf hatte das Tier schwer an der Pfote verletzt. Aber er trug auch zwei Narben davon: eine an seinem Arm und eine an seiner Seele. Seitdem kann er nur noch an eines denken – die Rache an dem Wolf, den er Dreifuß nennt."

Regenbogen möchte umgehend ins Dorf zurück, um den Stamm vor den Wölfen zu warnen. Kleiner Dachs folgt ihr. Nur Yakari bleibt nachdenklich zurück.
„Ich könnte doch mit dem Wolf reden, damit sich die beiden wieder vertragen", überlegt er. Im Dorf sucht er nach Kleiner Donner. Für sein Vorhaben braucht er wie immer die Unterstützung seines Ponys. Doch Kleiner Donner will auf gar keinen Fall zu den

Wölfen. Ängstlich wirft er Yakari ab und läuft weg. Schweren Herzens macht sich Yakari alleine auf den Weg. Er folgt den frischen Wolfsspuren im Schnee. Plötzlich steht ein riesiger Wolf vor ihm. Erschrocken weicht Yakari zurück, doch der Wolf geht einfach an ihm vorbei. War das womöglich Dreifuß?

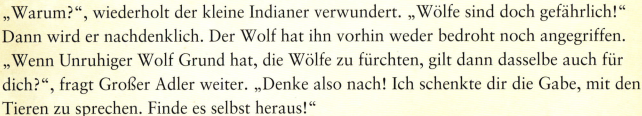

„Puh!", atmet Yakari auf. „Hatte ich eine Angst."
In diesem Moment gesellt sich sein Totem Großer Adler zu ihm. „Warum hattest du Angst, Yakari?", fragt er.
„Warum?", wiederholt der kleine Indianer verwundert. „Wölfe sind doch gefährlich!" Dann wird er nachdenklich. Der Wolf hat ihn vorhin weder bedroht noch angegriffen. „Wenn Unruhiger Wolf Grund hat, die Wölfe zu fürchten, gilt dann dasselbe auch für dich?", fragt Großer Adler weiter. „Denke also nach! Ich schenkte dir die Gabe, mit den Tieren zu sprechen. Finde es selbst heraus!"

Nach diesen Worten fliegt Großer Adler voraus, um Yakari zu den Wölfen zu führen. Der kleine Indianer hat Mühe zu folgen. Schnell stapft er durch den Schnee, gerät ins Stolpern und verliert einen seiner Mokassins. Schon stürmen zwei kleine Wölfe herbei. Sie packen den Schuh und flitzen damit los. Yakari eilt hinterher.

Er will seinen Mokassin unbedingt zurück. Hinter einem Schneehügel entdeckt der kleine Indianer schließlich die beiden Welpen. Sie sind nicht allein. Noch weitere Wolfskinder tapsen fröhlich umher und ihre Mutter sieht ihnen dabei dazu. Auch Yakari bekommt strahlende Augen. Wie süß die Kleinen sind!

„Darf ich dir meine Familie vorstellen?", hört er plötzlich eine Stimme neben sich. Überrascht dreht Yakari den Kopf. „Dreifuß?"

Der Wolf nickt und verrät dem Indianerjungen: „Es besteht kein Grund für euch Menschen, uns Wölfe zu fürchten, denn wir greifen nur an, wenn wir uns bedroht fühlen. Und so war das mit diesem Jäger von eurem Stamm. Er war gekommen, um uns zu jagen."

„Wenn ihr nichts Böses wollt, warum heult ihr dann so laut?", fragt Yakari. „Das macht uns große Angst."

„Das ist kein Geheul. Das ist unser Gesang. So hört sich das nun mal an", erklärt der große Wolf und beginnt zu erzählen: „Weißt du, wo unser Gesang herkommt? Vor langer Zeit, als die erste Sippe von uns Wölfen entstand, stimmten wir einen nicht enden wollenden Freudengesang an. Der Sonne gefiel das gar nicht und sie verschwand früher als sonst. Sie stopfte sich die Ohren mit Wolken zu, aber dafür kam der Mond hervor und machte sich ganz rund, um uns zu lauschen. Vor Freude sang die Sippe noch inbrünstiger, wie wir es noch heute in jeder Vollmondnacht tun."

Diese Geschichte gefällt Yakari sehr. Nun muss er sich jedoch beeilen. Die Dunkelheit bricht bald herein.

Zum Abschied sagt Dreifuß: „Ich hoffe, du hast nun nie wieder Angst vor uns."

„Nie wieder", verspricht Yakari und läuft nach Hause.

Ein paar Nächte später schreckt der kleine Sioux dennoch aus dem Schlaf, als er in der Ferne Wolfsgesang hört. Irgendwas stimmt nicht, das spürt Yakari genau. Er verlässt sein Tipi und will nachsehen. Da kommt Dreifuß auf ihn zu.

„Dein Freund Unruhiger Wolf ist in Gefahr. Nur du kannst ihm noch helfen."

Yakari folgt Dreifuß. Von einem Felsen aus beobachten sie Unruhiger Wolf. Ein Wolfsrudel hat ihn umringt und knurrt ihn drohend an.

„Sie haben ihn in eine Falle gelockt", sagt Dreifuß. „Dein Freund kann nur entkommen, wenn er gelobt, die meinen zu achten, so, wie wir die deinen. Er soll seinen Respekt glaubhaft und für immer bekunden, und niemand außer dir kann ihm das erklären. Geh jetzt, Yakari!"
Immer enger schließen die Wölfe Unruhiger Wolf in ihrem Kreis ein. Yakari nimmt seinen ganzen Mut zusammen und tritt in die Mitte.
„Lauf weg, Yakari!", ruft Unruhiger Wolf ihm zu.

Stattdessen kommt Yakari immer näher. Unruhiger Wolf kann nicht fassen, dass die Wölfe um sie herum ganz ruhig abwarten. Kein Tier geht zum Angriff über.
„Das ist Zauberei", staunt er.
Doch Yakari klärt ihn auf: „Hör gut zu, Unruhiger Wolf! Die Wölfe hassen uns nicht. Sie wollen nur von uns respektiert werden, damit wir friedlich zusammenleben können. Wenn du bereit bist, ihnen diesen Respekt zu erweisen, werden wir heil zurückkehren."
Beschämt wirft Unruhiger Wolf seine Waffe und seinen Kriegerkopfschmuck ab, kniet mit gesenktem Kopf vor den Wölfen nieder und bezeugt ihnen so seinen Respekt. Die Wölfe stehen sofort auf, weichen langsam zurück und geben den Weg frei.
„Danke, Yakari", sagt Unruhiger Wolf, während sie den Kreis der Wölfe verlassen. „Ich werde nie vergessen, was du für mich getan hast."
Dreifuß verabschiedet sich mit seiner Familie noch von den beiden Menschen und schenkt ihnen ein zufriedenes Lächeln.

Als die beiden Sioux endlich das Indianerdorf erreichen, warten alle Stammesmitglieder bereits aufgeregt.
„Mein Sohn", empfängt sie Yakaris Vater Kühner Blick. „Wir haben uns um dich und Unruhiger Wolf Sorgen gemacht."
„Ich bin von nun an Ruhiger Wolf", antwortet der Krieger. „Denn dank Yakari wohnt der Friede wieder in meiner Seele."
Und darüber freuen sich alle Dorfbewohner und am meisten Unruhiger Wolf, den sie von nun an Ruhiger Wolf nennen.

YAKARI UND GRAUSAMES AUGE

Im Land der Sioux liegt der Schnee meterhoch. Yakari und Kleiner Donner reiten trotzdem aus. Im Wald lesen sie die Spuren der Tiere. „Sieh mal, Kleiner Donner", ruft Yakari. „Hier ist ein Hase langgelaufen. Und da! Ein Luchs hat ihn verfolgt."

Plötzlich scheut Yakaris Pony. Ein Wolf rennt direkt auf sie zu. Erleichtert erkennt Yakari, dass es sein Freund Wolf-der-sich-hinlegt ist. Er hat einen Medizinbeutel zwischen den Zähnen, den er Yakari vor die Füße fallen lässt. Atemlos erzählt der Wolf: „Ich suche dich schon den ganzen Tag. Es geht um Leben und Tod."

Gebannt hört Yakari seinem Freund zu. Ruhiger Wolf, ein Jäger aus Yakaris Stamm, war einem Wolfsrudel zu nahe gekommen. Die Wölfe jagten den Indianer. Plötzlich stürzte er und verletzte sich. Im letzten Moment konnte er sich humpelnd in eine Höhle retten und einen Stein vor den Eingang wälzen. Dort ist er nun gefangen, denn vor seinem Versteck lauert ein Wolf. Es ist Grausames Auge. Er hasst alle Menschen, da er einst durch einen Jäger sein Auge verlor. „Ruhiger Wolf sitzt in der Falle. Er wird nicht lange überleben", sagt Wolf-der-sich-hinlegt und senkt betrübt den Kopf.

Yakari zögert nicht. „Dann komm! Führe mich zu ihm!"

Kleiner Donner würde viel lieber Unterstützung aus dem Indianerdorf holen.

„Das würde zu lange dauern", widerspricht Yakari.

Gemeinsam folgen sie Wolf-der-sich-hinlegt durch das dichter werdende Schneetreiben. Der eiskalte Wind bläst ihnen scharf ins Gesicht. Yakari friert fürchterlich. Er zittert am ganzen Körper und muss sich dringend aufwärmen. Mit zwei Hölzern versucht er, ein Lagerfeuer zu machen. Doch es hat keinen Sinn. „Der Schnee erstickt das Feuer", sagt Yakari. „Ich schaffe es nicht." Nun legt Kleiner Donner sich auf den Boden, damit sein Freund sich an ihm wärmen kann. Wie gut das tut!

Unterdessen machen sich im Dorf Yakaris Eltern große Sorgen. Es schneit immer stärker. Wo bleibt ihr Sohn nur?

„Ich werde ihm entgegenreiten", beschließt Kühner Blick. Zur Sicherheit nimmt er

Trockenfleisch und Decken mit. Leider verliert er Yakaris Spur sehr bald. Die Schneeflocken haben sie zugedeckt. Also ruft er immer wieder Yakaris Namen. Yakari und Kleiner Donner hören ihn aber nicht. Erschöpft sind sie in der Kälte eingeschlafen. Wolf-der-sich-hinlegt bemerkt die Rufe jedoch und stößt als Antwort ein lautes Jaulen aus.

„Oh nein!", sagt Kühner Blick und denkt, sein Sohn würde von einem Wolf verfolgt. „Hoffentlich ist es noch nicht zu spät!"

Eilig folgt er dem Geheul und richtet einen Pfeil auf Wolf-der-sich-hinlegt. Gerade noch rechtzeitig erwacht Yakari. „Nein, Vater! Schieß nicht!", ruft er und stellt sich vor den Wolf. „Er ist doch mein Freund!"

Nur widerwillig lässt sich sein Vater bremsen. Er glaubt nicht, dass ein Wolf und ein Mensch Freunde sein können. Aber erst einmal muss er sich um Yakari kümmern. In einem kleinen Unterschlupf macht Kühner Blick ein Feuer, damit sein Sohn sich aufwärmen kann. Dann zeigt Yakari den Medizinbeutel und erzählt von Ruhiger Wolf. „Es ist gut, einem Freund zu Hilfe zu eilen", sagt Kühner Blick daraufhin in strengem

Ton. „Doch du musst dabei auch an die Gefahren denken. Diese Kälte hätte dich töten können." Bei Sonnenaufgang wollen sie gemeinsam aufbrechen, um ihren Stammesbruder zu suchen.

Am nächsten Morgen hat es aufgehört zu schneien und der Schnee glitzert in der Sonne. Betrübt stellt Yakari fest, dass Wolf-der-sich-hinlegt verschwunden ist. Kühner Blick fühlt sich bestätigt. „Wölfe und Menschen gehören nicht zusammen", sagt er. „Wir werden ohne ihn auskommen." Doch da entdeckt Yakari eine Spur. Das muss die Fährte seines Freundes sein! Noch einmal bittet er seinen Vater, ihm zu vertrauen. „Dieser Wolf ist ein guter Wolf", beteuert Yakari. Kühner Blick gibt nach und sie folgen den Abdrücken so lange, bis der Wind sie verwischt hat.
„Wir haben nur unsere kostbare Zeit vergeudet", schimpft Kühner Blick.
„Ich weiß, dass du dem Wolf nicht vertraust", sagt Yakari. „Aber gib mir noch eine letzte Chance. Wir trennen uns und suchen einzeln."
Sein Vater ist einverstanden, schließlich will auch er Ruhiger Wolf so schnell wie möglich retten.

Übermütig galoppiert Yakari los. Doch wie kann er Wolf-der-sich-hinlegt nur finden? Da hat er eine Idee: „Ich mache einfach das, was ich am besten kann – mit den Tieren sprechen."

Yakari fragt einen Bären, einen Dachs und die Flughörnchen. Alle schütteln den Kopf. Niemand kann ihm weiterhelfen. Erst bei einem Fasan hat Yakari mehr Glück. Der kleine Sioux erzählt ihm von seiner Freundschaft mit dem Wolf. Der Fasan lacht ihn fast aus. „Nicht alle Wölfe sind böse", verteidigt sich Yakari.

„Diese Sprüche kenne ich", erwidert der Fasan. „Hier im Wald erzählt man sich von einem Jäger, der auch so redet. Aber ich habe ihn rennen sehen. Natürlich, weil ein Wolf hinter ihm her war." Yakari hört ihm erstaunt zu. Dieser Jäger kann nur Ruhiger Wolf gewesen sein. Also fragt er, in welche Richtung der Indianer gelaufen ist. Kopfschüttelnd krächzt der Fasan: „Also du hast wirklich ulkige Freunde! Geh nach Norden, zu den Bergen. Dort wirst du ihn finden."

Der kleine Indianer und sein Freund Kleiner Donner stapfen weiter durch den Schnee. Endlich nähern sie sich den Bergen. Laut ruft Yakari nach Ruhiger Wolf. Tatsächlich! Aus einer Höhle antwortet ihm der Jäger. „Komm nicht näher!", warnt er. Doch zu spät! Grausames Auge, der noch immer vor der Höhle lauert, hat sie schon entdeckt. Der Wolf sieht wirklich Furcht einflößend aus.

„Lauf!", ruft Yakari Kleiner Donner zu. „Hol meinen Vater!" Das gefällt Grausames Auge gar nicht. „Was denn, noch ein Jäger?!", knurrt er. „Aber ich hasse alle Jäger! Sie haben mir mein Auge genommen."

„Ich bin kein Jäger", versucht Yakari, ihm zu erklären. „Und mein Freund auch nicht. Bitte lass uns gehen!"

Doch Grausames Auge kennt keine Gnade. Mit gefletschten Zähnen und schrecklichem Knurren will er sich auf Yakari stürzen.

In diesem Moment kommt Wolf-der-sich-hinlegt. „Lass den Jungen in Ruhe!", ruft er und stellt sich schützend über Yakari.

„Warum beschützt du einen Menschen?", will Grausames Auge wissen. „Sie jagen uns!"

„Du irrst dich!", widerspricht Wolf-der-sich-hinlegt. „Yakari und Ruhiger Wolf sind nicht unsere Feinde. Ich lasse nicht zu, dass du dich an ihnen rächst." Dann wendet er sich an Yakari: „Los, lauf weg! Ich kümmere mich um ihn." Schon stürzen sich die beiden Wölfe aufeinander.

Währenddessen versucht Yakari zu entkommen. Leider gewinnt Grausames Auge im Kampf rasch die Oberhand. Er schleudert Wolf-der-sich-hinlegt beiseite und jagt dem kleinen Indianer nach. Bald hat der Wolf ihn eingeholt.

Yakari rennt um sein Leben, doch er stolpert und fällt hin. Grausames Auge springt auf ihn zu. Genau in diesem Moment zischt ein Pfeil durch die Luft und trifft den Wolf. Tot fällt das Tier zu Boden.

Kühner Blick hat seinen Sohn wirklich in allerletzter Sekunde gerettet.

Schnell bauen sie eine Trage. Diese bindet Yakaris Vater an sein Pferd. So können sie den verletzten Jäger Ruhiger Wolf nach Hause bringen. Der Indianer dankt Yakari für seinen Einsatz, doch der junge Sioux kann sich nicht so recht freuen. Immerzu denkt er an Grausames Auge. Es tut ihm leid, dass dieses Tier sterben musste.

„Mir auch", stimmt Kühner Blick ihm zu. „Aber es gab keine andere Möglichkeit."

Auf dem Weg begegnen sie Wolf-der-sich-hinlegt, der sich von dem Kampf erholt hat. Von einem Felsen aus heult er den Indianern zu. Yakari erwidert den Gruß und winkt fröhlich zurück. Ohne ihn hätten sie Ruhiger Wolf wohl nie gerettet.

„Im Grunde hattest du völlig recht, diesem Wolf da zu vertrauen", meint Kühner Blick einsichtig zu Yakari. Über den Instinkt seines Sohnes kann er nur staunen. Offenbar kann er einen guten Wolf von einem bösen Wolf unterscheiden.

Der schlaflose Bär

Was ist nur mit Kleiner Donner los? Am Morgen wirkt das Pony sehr erschöpft.
„Wir haben alle die ganze Nacht kein Auge zugetan", erzählt Kleiner Donner seinem Freund Yakari, als dieser ihn auf der Koppel besucht. „Dauernd dieser unheimliche Krach."
„Was für ein Krach?", will Yakari wissen.
„So ein böses Knurren und Brummen", sagt Kleiner Donner. Da fängt es schon wieder an, nun sogar am hellen Tag. Laut dröhnt das Geräusch aus den Bergen ins Indianerdorf. Die Pferde wiehern und scharren unruhig mit den Hufen.
„Keine Angst", beruhigt Yakari seine Freunde. „Ich werde die ganze Nacht bei euch bleiben."
Der junge Sioux untersucht den verschneiten Boden rund um das eingezäunte Gelände und entdeckt Spuren. Ein Bär muss hier gewesen sein.
„Er sollte in seiner gemütlichen Winterhöhle ruhen. Sehr merkwürdig!", findet auch Yakaris Vater Kühner Blick.

Etwas Merkwürdiges erleben unterdessen Kleiner Dachs und Regenbogen. Beim Fischen am Fluss werden sie beinahe von einem Bären angegriffen. Die beiden Kinder können sich gerade noch in Sicherheit bringen.
„Ich wollte ganz friedlich fischen, da ist er wie wild auf uns losgerannt", berichtet Kleiner Dachs wenig später seinem Freund Yakari, der sogleich nach einer Erklärung sucht. Vielleicht war der Bär nur hungrig? „Er war ganz dünn", sagt Regenbogen. Dünn? Bei diesem Wort muss Yakari an seinen Freund Der Schmächtige denken. Aber bisher war der Bär immer freundlich und nie aggressiv.

Mittlerweile hat der Rat des Stammes entschieden, am frühen Morgen die Jäger loszuschicken. Sie sollen die Fährte des Bären verfolgen, um das gefährliche Tier aus dem Weg zu schaffen. Als Yakari das hört, ist er entsetzt. „Wenn das wirklich Der Schmächtige ist, müssen wir den Jägern zuvorkommen", sagt Yakari.
Auf Kleiner Donner reitet er los. Jetzt im Winter liegt in den Bergen viel Schnee. Als sie endlich die Bärenhöhle erreichen, ist sie leer. Wo kann Der Schmächtige nur stecken? „Was wollt ihr von Der Schmächtige?", fragt da eine Fledermaus, die kopfüber an einem Ast hängt. Sie berichtet, dass der Bär wütend weggelaufen sei. Yakari kann das nicht glauben. Der Schmächtige, den er kennt, war immer nett.

„Das war früher", mischt sich da ein Hase ein. „Seit der Winter gekommen ist, hat er nur noch schlechte Laune."
„Helft mir, ihn zu finden", bittet Yakari. Die Fledermaus und der Hase unterstützen ihn gerne. Und es dauert nicht lange, bis die Tiere gute Neuigkeiten haben.

„Wir haben ihn gefunden", ruft die Fledermaus Yakari und Kleiner Donner zu, die ihr sogleich folgen.
Aber das Wiedersehen mit dem Bären verläuft anders, als Yakari es erwartet hat. Brüllend kommt Der Schmächtige auf ihn zu. Dann erst erkennt er Yakari.
„Bei mir liegen die Nerven blank. Entschuldige bitte", meint der Bär zerknirscht.
„Unsere Jäger haben es auf dich abgesehen", warnt Yakari. „Du musst dich verstecken."
Doch zu spät! In diesem Moment taucht Stolze Wolke auf. Der Jäger hat seinen Bogen gespannt und zielt mit dem Pfeil direkt auf den Bären. Doch da flattert die Fledermaus wild um den Indianer herum. Stolze Wolke verliert das Gleichgewicht und fällt in den Schnee. Nun kann sich der Hase den Bogen schnappen und diesen unter einem verschneiten Busch verstecken. Kaum hat sich der Jäger wieder aufgerichtet, sieht er sich verwundert um. Wo ist der Bär?

Der Schmächtige steht mittlerweile mit Yakari und Kleiner Donner vor seiner Höhle. „Ich danke euch", sagt er. „Ihr habt mir das Leben gerettet."
„Warum hast du denn plötzlich so schlechte Laune?", will Yakari wissen.
Der Bär ist ganz verzweifelt. In seiner Höhle kann er einfach keine Winterruhe halten. Es ist viel zu laut. Außerdem tropft von oben ständig Wasser auf ihn herunter. Dieser Zustand macht den Bären langsam verrückt.

Yakari will der Sache auf den Grund gehen. Er klettert auf den Berg über der Höhle. Dort trifft er auf seine Freunde, die Biber. Sie nehmen ihn kaum wahr. Sie sind viel zu sehr damit beschäftigt, ihre Zähne in Baumstämme zu schlagen. Yakari begreift: „Ihr macht also die ganze Zeit diesen Lärm."
„Unser Bau ist leckgeschlagen", erklärt ihm ein Biber.

„Bald ist alles voller Wasser. Die ganze Nacht haben wir geschuftet. Wir müssen den Bau schnellstens wieder abdichten." Jedoch drängt die Zeit.
Yakari hat eine Idee. Schnell ruft er Der Schmächtige und Kleiner Donner herbei. Dann sagt der junge Sioux: „Wenn wir uns zusammentun, schaffen wir es gewiss ganz schnell. Und dann kann Der Schmächtige endlich seine Winterruhe halten."
Alle packen mit an. Die Biber nagen Baumstämme um und der Bär schleppt sie zum Fluss, wo weitere Biber mit dem Holz den Damm abdichten. Und tatsächlich haben sie es bald geschafft.
„Das nenne ich mal eine wirklich gelungene Zusammenarbeit", lobt ein Biber und betrachtet stolz den stabilen Bau. Selbst in die Bärenhöhle tropft jetzt kein Wasser mehr. Der Schmächtige kann sein Glück kaum fassen. Nie wieder muss er das nervige Gluck-Gluck ertragen. Zufrieden legt er sich in sein Quartier.
Zum Schutz vor Jägern stellt Yakari noch Äste vor die Höhle. Ob Der Schmächtige nun endlich seine Winterruhe halten kann? Als Antwort hört Yakari nur noch ein lautes Schnarchen.

YAKARI

FANS, AUFGEPASST!

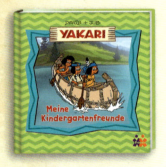

**Yakari:
Meine Kindergartenfreunde**

GTIN 4260324690394

**Yakari:
Meine Freunde**

GTIN 4260324690233

**Yakari:
Schlaf gut, kleiner Indianer**

ISBN 978-3-86318-181-9

**Yakari:
Mein Mega-Vorlesebuch**

ISBN 978-3-86318-218-2

**Yakari: Punkt-zu-Punkt-
Rätselblock**

GTIN 4260324690202

**Yakari: Indianergeschichten
zum Lesen und Hören**

ISBN 978-3-86318-318-9

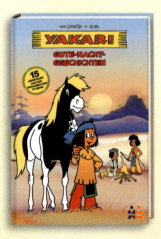

**Yakari:
Gute-Nacht-Geschichten**

ISBN 978-3-86318-192-5

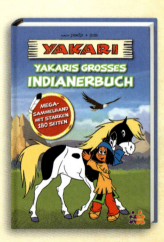

**Yakari: Yakaris großes
Indianerbuch**

ISBN 978-3-86318-339-4

**Yakari:
Neue Abenteuer zum Lesenlernen**
ISBN 978-3-86318-216-8

**Yakari:
Geschichten zum Lesenlernen**
ISBN 978-3-86318-133-8

**Yakari:
Kurze Geschichten für Erstleser**
ISBN 978-3-86318-179-6

**Yakari:
Indianergeschichten für Erstleser**
ISBN 978-3-86318-338-7

**Yakari:
Geschichten für Erstleser**
ISBN 978-3-86318-327-1

UNTER

WWW.FRIENDZ-VERLAG.DE

FINDET IHR WEITERE SPANNENDE BÜCHER MIT YAKARI UND SEINEN FREUNDEN!

Der Serienliebling – bekannt aus dem KIKA!
**Die Original-
Hörspiele & -DVDs
zur TV-Serie**
www.edelkids.de

*Der große Sammelspaß:
Alle 26 Folgen ergeben ein tolles Yakari-Bild!*